良き知らせをあなたに

聖書が語る「福音」とは何か

南野浩則［著］

いのちのことば社

本書中の聖書のことばは著者の私訳によります。

聖書の引章箇所を読む場合、教会によって使っている聖書の訳文が異なりますが、どの聖書であっても意味をくみ取る上で問題はありません。

はじめに

教会に来られると、いろいろなことばを聞かれるように思います。教会の外ではあまり用いられていないようなことばもあるでしょう。聞いたことのあるようなことばであっても、教会では独特な用いられ方をして、内容がよく分からないこともあると思います。教会が語るメッセージは聖書と深く関わっています。実際、礼拝での説教は聖書から語られています。

聖書は、神による人間の救いについて述べています。その語りの内容は〝福音〟と呼ばれます。福音は〈ふくいん〉と読みますが、意味は「良い知らせ」です。キリスト教会はこの福音を多くの人々に伝えてきました。その結果、人々は神に信頼する生き方へと導かれていったのです。みなさまも良き知らせである福音を知り、神の恵みに生きるように招かれています。この本の中で、その福音について読者のみなさまと一緒に考えてみたいと思います。

目次

第一章　神の正義と平和―聖書の神とは？

　聖書はキリスト教の教えを記した書物です。カトリックやプロテスタントなどキリスト教会は実際には多くの教派に分かれていますが、共通して聖書を大切にしています。教会の礼拝では聖書から説教されることがほとんどです。また、教会が何らかの活動をするときに、その根拠を必ず聖書に求めます。なぜならば、キリスト教会にとって聖書は「神のことば」であり、神の意志や価値観が示されていると考えられているからです。キリスト教会はこの世界で神の意志に従っていこうと努めています。そのためには聖書は不可欠です。

　そのような意味で、クリスチャンではない人々に聖書は関係ないように思われるかもしれません。しかし、じっくり聖書を読んでいきますと、クリスチャンでない人々にも聖書は開かれていることが分かります。例えば、聖書の一節を引用してみましょう。「**人々は剣を鋤に、槍を鎌に打ち直します。国は国に対して剣を上げなくなり、もはや戦うことを学ばなく**

なります」（旧約聖書・イザヤ書2章4節）。このことばは、ニューヨークの国連広場に掲げられていることで有名です。非戦・非暴力によって平和をもたらす理想が述べられていて、国連が示す理念の象徴として認められています。このことばが選ばれたのにはヨーロッパ社会の影響が大きいとはいえ、クリスチャンでない多くの人々が集う国連で共有されているのは、聖書が人々にとって価値のあることを暗示しています。人間が生きていくのに必要なことが聖書には記されているのです。すべての人々が聖書を読むように招かれています。

神はいるのか？ 答えはない

聖書を読み始めると、どこを見ても神について書かれていることがすぐに分かります。神は存在するのか？ そのような疑問がまず湧くかもしれません。神は目に見えず、その存在を証明することなどできないように思えます。あるいは、神が存在するならば、なぜこの世界には多くの悲しみ、嘆き、悲惨な状況があるのか？ そのような思いも私たちは持つでしょう。面白いことに、聖書はそのような疑問について直接に答えてはくれないのです。聖書は神の存在を証明しようとは一切していません。神がいることを前提にして聖書は著されているからです。私たち読者の発想を変えなければならないのです。

確かに、すべての人々が何らかの神（あるいは神々）を信じていた古代に聖書が著されたことにその理由の一つはあります。聖書の時代と現代とは時代の隔たりがあります。これは聖書だけではなく、どのような書物においても当てはまることです。書物が著された時代について考慮することはつねに求められます。しかし、理由はそれだけではありません。**むしろ、神はどのような考え方を持ち、どのような価値観をこの世界に実現しようとしているのか、**聖書はそれを示すのに関心を持っています。聖書によれば、神は抽象的な存在ではなく、人格を持ち、特定の歴史に働きかけています。旧約聖書には古代イスラエルの人々が登場し、その歴史が描かれます。その具体的な描写の中に、神の価値観が示されていきます。新約聖書ではイエスとキリスト教会について扱われていて、物語の形式で述べられています。また、数多くの手紙も記されていて、当時の教会について個別に記されています。そのような記述の中で神の価値観が書かれているのです。

神の名によって聖書が示している価値観・考え方は、新約聖書によれば「福音」（ふくいん）と呼ばれています。福音は「良い知らせ」という意味で、神が人間を救う意志を示したことばです。その福音は、以下に述べるように、**正義**と**平和**としてまとめることができます。

神の正義は「平等」か？

正義ということばにどのような印象があるでしょうか？　厳しい内容を連想される読者の方々は多いように思います。正義はこの世界の絶対的な善であり、そこには妥協は認められません。そのためには悪を正さなければならないと考えられているでしょう。悪である者を懲らしめて罰することで正義が達成される、そのような世の中の常識があるように思います。確かに、悪いことをしてしまった人々に責任を取らせることは、当人にとっても社会にとっても大切なことです。聖書にもそのような内容の記述を見ることができます。しかし、神の正義はそのような罰によって達成されるのではありません。それについて知るためには、神が考える正義を詳しく見ていくことが必要です。

聖書に記された**神の正義は、この世界で抑圧され、虐げを経験している人々が助けられること、また助けられた人々が互いを大切にし合って生きていくこと**を意味しています。このような見方が正義、福音を考える基本にあります。聖書は不公平を嫌っています。キリスト教では「人々は神の前で平等である」ということはよく聞かれることです。また、私たちの日常生活の感覚として、えこひいきは受け入れがたいことです。神がこの世界に対して公平・公正であること、平等であることを求めていることは確かです。しかし、気をつけておかねばならないことは、平等に関して二つの考え方があることです。

　現代の平等の考え方の基盤にあるのは機会平等です。それぞれが置かれている状況にかかわらず、各個人は同じように扱われ、生きていく上での機会が平等に与えられるべきであるとされます。しかし、その結果は平等である必要はありません。例えば、誰かが自分でビジネスを始めたいと思ったとして、社会的地位などにかかわらず、その機会は希望者に平等であるべきであると考えられます。現実にビジネスを始めれば、ある者は成功してお金持ちになるでしょう。一方、ある者はビジネスに失敗して、貧困に陥ることでしょう。機会平等の考えによれば、この成功と失敗の結果について責任を負うのは本人であり、結果について平等である必要はないのです。

　しかし、**聖書の考える平等は、結果において平等であることが求められています。**誰かがビジネスに成功したとしても、誰かが失敗したとしても、みんなが尊厳をもって生きていくように奨めているのが聖書です。

　このような平等に関する聖書の記述を見てみましょう。旧約聖書には五十年ごとに定められた年（ヨベルの年と呼ばれています）について記されています（レビ記25章）。ヨベルの年には、実質的に負債（借金）が無条件に免除されます。借金があるということは、さまざまな理由によって人々の間に経済的な格差が生まれていることを意味しています。格差が生まれるのは古代においても現代においても変わりません。経済活動が行われる場所においては必ず格差が結果として現れてきます。問題はその格差をどのように扱うかです。旧約聖書はその格差を法（社会的な規範）によって埋めようとしているのです。借金が免除されているとは、マイナスの負債がゼロになることであり、所得や富が借り手に再配分されていることです。**格差を法によって強制的に是正しようとするのです。**古代イスラエルでこのヨベルの年の制度が実施されることはなかったと考えられていますが、結果における平等の正義を目指した規則として読み取ることができます。

一方、新約聖書では古代エルサレム教会について言及されています（使徒の働き／使徒言行録2章と4章）。聖書の記述によれば、エルサレム教会はイエスの直弟子たちを中心に形成されました。イエスとその直弟子たちはガリラヤと呼ばれる地域の出身で、エルサレムのあったユダヤ地方には生活基盤を持っていなかったと考えられます。その一方で、エルサレムやユダヤ地方の出身者がこの教会に新たに集ったことも聖書は証言しています。新たにエルサレム教会に加わった人々には、パレスチナ地方以外の外国からエルサレムに帰ってきたユダヤ人もいたことが聖書には記されています。エルサレム教会はユダヤ人によって成り立っていましたが、一枚岩ではなく、さまざまな社会的な背景を持つユダヤ人キリスト者が存在していました。互いに違いを持つ人々が同じイエスをキリストとして告白して集まっていたのですが、それは宗教的な礼拝だけに限られてはいませんでした。エルサレム教会の人々は生活基盤を分かち合い、互いに助け合おうとしていました。**持ち物を共有して、各々の財産を必要に応じて分け合っていたというのです**（使徒2章43～47節）。

ここで注目しておきたいのは、〝必要に応じて〟ということです。現代の常識であれば、出資額や比率に応じて人々は利益を得ることができます。多く出資した人は多くを得ることができます。少なく出資した人はわずかしか利益を獲得することができません。それが平等の扱いということになります。しかし、エルサレム教会は共有のためにささげられた財産の額や比率に関係なく、生活に必要な額を得ることができたことになります。少なくしかささげなかった人々も、必要があれば多くを得ることができました。このような生活のありかたは、エルサレムやユダヤの住人に良い印象を与えて、エルサレム教会に加わる人々が増えたと聖書は述べて、エルサレム教会の経済政策を積極的に評価しています。

ただし、このような理想は長くは継続せず、その仕組みが崩壊したことを聖書は正直に述べています（使徒5章1～11節）。旧約時代にヨベルの年が実施されなかったことに似ています。理想を現実化することの難しさを痛感するのですが、神が求める正義については学ぶことができるように思います。

ヨベルの年とエルサレム教会の状況を見ていきますと、聖書の関心は宗教的なことだけに及んでいないことが分かります。聖書が著された古代は現代と比較して、共同体の意義が大きくありました。人々は個人として生きていくことはできず、個人という発想もほとんどなかったでしょう。そのような状況においては、共同体内で分かち合うことは生きていくためには重要でした。そのような時代的な事情が聖書の記述に反映しているということは否定できません。しかし、**社会で苦しんでいる人々、虐げられている人々に対して優先的に救済を行うということが理想**として記されていることは事実です。聖書がそのような考えを積極的に述べているということは、**それが神の意志であると認められてきた**ことを意味しています。時代の制約を超えて、神の意志が示されており、神を信頼して生きていく者にこの意志を実現するように求めているのです。

分配を重視している

すでに述べてきたように、**この神の正義を実現するためには、分かち合いが大切になりま**

す。現代の私たちは資本主義に生きています。資本主義の本質は無目的な経済的な成長であり、それはお金を増やすことです。そのようなシステムにおいては、独占に高い価値が置かれます。独占はお金持ちの証だからです。例えば、スポーツ選手の高額な年俸が話題になったりしますが、それは非難の扱いではなく、むしろ誉めるような内容になっています。独占と格差は容認されています。しかし、聖書は結果における平等を目指します。そのために**持っている者が持たない者と分かち合うこと（分配）が必要になります**。誰もが生きていく権利を持っているのであり、独占は貧困者から生きていくための資材を奪っていることになるのです。それは神の価値観ではありません。

聖書には、お金持ちに対する厳しいことばが数多く記されています。それは、お金持ちが特に貪欲だからではないのです。誰だって貪欲です。むしろ、お金持ちは独占をしているから経済的に恵まれた状態にあるのであり、貧困者から奪っているという意識が聖書にはあるからです。生きていくことが困難な人々と共に持っている物を分かち合うことで、すべての人々に尊厳をもって生きる道を備えるのです。

経済的な格差について扱っている聖書箇所を見てみましょう。新約聖書のルカの福音書16章には、イエスが語った「金持ちとラザロ」と呼ばれる物語が記されています。まず、ある金持ちについて語られます。この金持ちは非常にぜいたくな暮らしをして楽しんでいたとされています。一方、この金持ちの邸宅の門の前に、皮膚病で苦しんでいたラザロという貧しい者が横たわっていました。食べる物に欠いていて、金持ちの家からの残りの物を食べたいとも考えていました。この記述は、ラザロは金持ちから生活のための必要を分配されなかったことを示唆しています。そのような状況の中でラザロも金持ちも死んでしまいます。聖書は死後の両者の命運について語ります。ラザロはアブラハムの懐に導かれたとあります。これは安息に入れられたことを意味しています。金持ちは陰府《よみ》に行くことになり、そこで火によって苦しむことになってしまいました。

ラザロと金持ちとを分けた理由について物語は語ります。金持ちは生きている間に多くの良いものを受けていたからであり、ラザロは悪いものを受けていたからである、とされています。金持ちは富を独占して、貧困者と分かち合うことをしませんでした。貧困者であるラザロは生活のための必要を与えられずにいました。また、皮膚病患者であったことから、社会的・宗教的な差別を受けていたことも想像させます。分かち合うことをしなかったから、生きている間に金持ちは良いものを受けていたのであり、ラザロは悪いものを受けていたのです。**金持ちの慈悲の心の欠如について聖書は語っているのではなく、神が求める正義を金**

持ちが行わなかったことを告発しているのです。慈悲やチャリティーは良いこと（ここでは分配）を奨励しますが、それを行わなかったといって責任を問われることはありません。しかし、正義は良いことをするのを法的に求めます。正義を行わない者には社会的な責任が問われるのです。貧困者への分配はチャリティーではなく、神の正義です。ですから、何もしなかった金持ちはその責任を負わされたのです。

同じ新約聖書のヤコブの手紙においても、金持ちに対する厳しいことばが記されています（5章1～7節）。あてにならない富に依存している金持ちを嘲笑しながら、労働者に対して十分に賃金が払われていないことを責めています。誰かが金持ちであることの裏では、神の正義に反することが行われていることをヤコブの手紙は語るのです。富を独占することによって、多くの人々は衣食住を始めとする生活の必要を受けられなくなり、貧困へと追いやられるのです。ヤコブの手紙はそのからくりを見定めています。

神の正義は社会的な弱者を優先的に救うことです。神は人間の力や強さに目を留めるのではなく、その弱さに注目していきます。弱さには助けが必要だからです。弱さとは、人間として劣っているとみなされ、それゆえに不当に不利益を被ることです。神は弱くされている人々を助けることで自身の正義を実現しようとするのです。それは聖書の神の性質（神の性質を教会では属性と呼んでいます）そのものです。神を信頼して生きるとは、この神の属性を積極的に認めて、自らの生き方の基盤とすることです。神が大切にしていることを私たちも大切にすること、それが聖書の語る信仰のありかたです。

平和を「つくる」

平和とは、戦争や紛争がない状況を意味しています。人類の長い歴史を見ていけば、絶えず戦争が起き、人々の命・身体・財産が奪われてきたことが分かります。人々は戦いによってつねに生活が脅かされてきたがゆえに、平和を求めます。誰もが平穏に暮らしたいと望んでいます。神はこの世界の人々に平和をもたらそうとしている、と聖書は語ります。旧約聖書には、神ヤハウェ（二九頁参照）は恵みに満ち、苦しみに共感する神であり、怒るに遅く、敵である者を救うことを目指していると証言されています（ヨナ書）。また、イエスは「平和をつくる者は幸いです」（新約聖書・マタイの福音書5章9節）と語っています。神は暴力によって人々が苦しむことを受け入れず、平和を実現することを自らの価値観として私たちに示しています。

私たちは平和について「守る」という表現を用いることが多いように思います。戦いを経験していない人々、それに加担していないと自らを理解している人々にとれば、平和は守るものとなるでしょう。しかし、**イエスは平和を「つくる」と表現しています**。イエスにとって平和は自然にそこらにあるものではなかったようです。つくり出さなければならないものでした。そのような意味でイエスのことばは積極的なニュアンスを感じさせ、私たちの平和観を一転させます。聖書の神は平和に対して傍観しているのではなく、働きかけをするのです。その働きかけに加わるように私たちに望んでいるのです。聖書が語る福音は救いをもたらすことばですが、平和はその一部分として語られているのではありません。**福音は神が考える平和を実現していくことです**。救いは神が良しとする平和を経験することです。

弱者の尊厳なくして平和はない

ここで注意すべきことは、平和の内容です。戦いがないというだけでは、それは神の目指す平和が実現しているとは言えないのです。この世界の平和は、圧倒的な政治力や軍事力によって人々を支配してもたらされています。〝大きな暴力〟によって〝小さな暴力〟を抑え込んでしまおうとする考え方がそこにはあります。確かに抑止力は社会的に認知されており、多くの人々がそのような考え方を支持しています。しかし、下手をすると、巨大な力で人々を押さえつけてしまう、そのような状況の上に平和が成り立ってしまうことになります。そのような状況において、人々はその強い力に恐れを抱きますし、社会的な弱者に抑圧がもたらされます。神は恐怖に基づく平和を望んではいません。**神が実現しようとする平和の根底には、これまで考えてきた正義があります。**つまり、弱者がその尊厳を守られて、平穏に暮らすことができるような平和が考えられているのです。

旧約聖書はもともとヘブライ語で書かれています。そのヘブライ語で平和を意味することばは〝シャローム〟という単語です。シャロームは「調和している状態」を意味していると言われています。人々が互いを尊重し合い、助け合うことがその調和であり、そのために社会的な弱者が優先的に助けられる必要があると神は考えたのです。ですから、聖書の平和は神の正義を土台に実現されるのです。逆に言えば、**神の正義が実現していることを平和と呼ぶことができます。**

旧約聖書のゼカリヤ書7章9〜10節には、寡婦、孤児、外国人、貧困者を虐げてはならない、という神ヤハウェのことばが記されています。ここで挙げられているのは、その社会で自立して生きていくことが難しい人々です。それだけに社会から見捨てられてしまう可能性が高く、古代においてはそのようなことが現実に起きていました。多くの人々は、このような社会的な弱者を安い労働力として使っていたでしょう。貧しい人々の生活は安定せず、貧困のままに放置されていました。これは、聖書の神が望んでいる正義に反することでした。ですから、社会的な弱者を「虐げてはならない」と命じているのです。

神にとって、弱さに追いやられた人々を支援し、その生活を守ることは、平和をつくることでした。人々の間に信頼関係を生み出します。争いごとが起きても、その信頼関係に基づいて問題を解決しようとします。弱者を搾取するような社会的な価値観は暴力に基づいており、信頼を人々にもたらすことはできなくなります。平和は社会の基盤に深く関わります。弱者を救う正義に基づく社会づくりは、人々の尊厳を守る平和を生み出すことができるのです。〝大きな暴力〟による恐怖がもたらす平和ではありません。聖書の平和は、神が目指す正義と不可分です。両者を分けて扱うことはできないのです。

意見が違っても調和する秘訣は?

現実には人々は多様で、互いに違った意見を持ちます。それゆえに争いになったりして、人々の間で一致や調和をつくり出すことが難しくなります。あるいは互いの「正しさ」がぶつかり合うことがあるでしょう。社会が正しい方向へと進むためには、「正しさ」に基づく議論は必要でもあります。私たちは悪い感情や意図で争い合ってしまうだけでなく、良い動機によってでさえ仲違いをしてしまいます。そのようなことが私たちの現実でしょう。聖書はそのようなことを十分に心得ています。調和して平和を保つこととは、人々が同じ意見を持ったり、同じ方向に向いたりしていることを意味していません。人間は各々で個性を持ち、まったく同じ人はいないのです。それぞれの違いを押さえつけてしまうとするならば、それはむしろ新たな暴力となります。

聖書は個々人を尊重します。それは神が私たち一人ひとりを大切にしてくださることです。神は「私」を一人の人間として尊重し、その尊厳を守ります。神は私たちを、誰であれ軽く扱いはしません。神は「私」を決して軽蔑することはないのです。それは同時に人々が互いを大切にし合うことでもあります。「私」が神によって受け入れられる存在であるとするならば、他者も同じように神によって尊重されるべき存在です。「私」だけが大切にされて、他者はどうでも良いということではありません。神からすれば、「私」は人として大切ですし、他者も人として大切です。互いが大切にされるべき存在であるということは、神が直接に私たちそれぞれを大切にするということだけではありません。それ以上に、私たち自身が互いを大切にすることを聖書は求めています。

この大切にする関係を聖書は「愛」とも呼んでいます。神は私たちを大切にしています。私たちも互いを大切にするように求められています。**平和とは、互いを尊重し大切にし合えるという神が望む関係を結ぶことです。**大切にしたい人に対して私たちは争いを持ち込みたくはないでしょう。むしろ、相手がどのように安心することができるのか、穏やかになることができるのか、そのように心を配ると思います。「私」は大切な存在であり、私たちは自分（「私」）に関心を向けます。それ自体は自然なことです。でも、「私」は一人で生きているのではありません。「私」が大切にされるならば、私の周りの他の人々、この社会に生きる人々も大切にされるべきです。互いに対する配慮は平和には不可欠です。

後述するように、新約聖書のコリント人への手紙第一／コリントの信徒への手紙一13章には、そのような愛について記されています。互いに違った者が、神と人との前で共に生きていくには、相手を大切にして配慮する愛が必要なのです。その愛によって人はふさわしい関係を結ぶことができるのです。そこに平和を見出すことは難しいことではありません。

和解とは？ 赦しとは？

人間は完全ではありませんから、必ず争いを起こします。それはすでに指摘した通りです。あるときは誤解が原因かもしれませんし、あるときは悪意がそこにあるかもしれません。そのようなことが嫌で誰とも争いたくなければ、極端なことを言えば、すべての人との交流を断てばよいのです。関係を断てば、何も起きなくなります。しかし、これでは人間として生きていくことはできませんし、無関係・無関心は神が望んでいることではありません。**人間関係が壊れてしまったときに、和解と赦しをもたらすのが神の平和です。**和解も赦しも容易なことではありませんし、そのための完全な方策もありません。しかし、個人レベルでも、社会レベルでも、国家レベルでも、和解と赦しは神の平和のために求められます。

和解と赦しは、一度崩れてしまった関係を修復することです。しかし、元通りの関係を実現することは難しいものです。感情的なこじれがあったり、実際の利益が損なわれてしまったりしていることがあるからです。壊れてしまったという事実をなかったことにするなど不可能です。そのような中で**和解と赦しをもたらすとは、平和に向けて新しい関係を結び直すことです。**さまざまな難しさを抱えていくことになりますし、完全な和解と赦しなどできないかもしれません。でも、新しい関係をつくり上げることは、神と人との前で価値のあることだと聖書は認めているのです。平和はこのような過程の中に現れてきます。和解と赦しの課題は深く複雑です。第四章でこの問題を再度取り上げて、そこでもう少し掘り下げて考えてみたいと思います。

正義と平和を実現しようとする聖書の神

神がこの世界に実現しようと試みている事柄から、聖書の神について考えてみました。神は「私たちと共にいる」存在だとマタイの福音書1章23節に記されています。苦しんでいる人間を遠くから観察して、遠くからその間違いを指摘して私たちを正そうとする神ではありません。**私たちと共にいて、私たちの苦しみに共感し、正義と平和を実現することで私たちを救い、神の価値観に基づく生き方へと導こうとするのです。それが神の福音（良い知らせ）です。**

キリスト教会は二千年にわたる歴史を持っています。その歴史は時間的な長さにだけ意味があるのではなく、神について考える歴史でもありました。三位一体など神に関する多くの教えが与えられ、教会はそれらを正しい教えとして守ってきたのです。時代や地域の実情に応じて、教会の教えは多様になり、複雑化していきました。そのような中にあっても、聖書は変わらず教会にとって重要な書物であり続けました。聖書に示されている神は私たちを救う神であり、この地上に正義と平和をもたらそうとする神である、このところに私たちの信仰の確信を求めたいと思います。聖書がそのことを語っているからです。イエスを信じてクリスチャンになるとは、そのような神に信頼し、その正義と平和に私たちも生きてみようと決意することです。

考えてみましょう

・聖書の神はこの世界に何を実現しようとしていますか？
・神の正義とはどのようなものでしょうか？
・神の平和とはどのようなものでしょうか？
・あなたは神にどのような期待を持ちますか？

第二章　福音のモデル――エジプト脱出と契約の物語

聖書は物語として語られる

聖書を手に取ると、旧約聖書と新約聖書とに分かれていることに気づくと思います。旧約とは「旧《ふる》い約束」、新約は「新しい約束」を各々意味しています。旧約聖書は、イエスが生まれる以前の紀元前にユダヤ教の聖典としてまとめられた文書です。もともとはユダヤ教徒のために書かれ、読まれました。ですからクリスチャンは旧約聖書を記していませんし、その成立にも関わっていません。ユダヤ教徒にとれば、旧約聖書は「旧約」ではなく、それ自体が神のことばであって「聖書」です。キリスト教会はそのユダヤ教の聖典をそのまま「神のことば」として受け継いて、現在にいたっています。旧約という名前は、新約と対比されたキリスト教会の呼び方です。新約聖書は、一世紀から二世紀にかけてキリスト教会が記した独自の文書です。イエスの生涯、死、復活を目撃した弟子たちは、キリスト教会を形成しました。教会は様々な活動をする中で、教え、教会生活、宣教について多くの課題を抱えることになりました。その解決のために教会は多くの文書を記し、その中から「神のことば」として認められるようになった諸文書がまとめられて、新約聖書が成立しました。旧約聖書も新約聖書もキリスト教会にとっては、最も大切な文書として扱われています。

そのような聖書には多くの物語が記されています。聖書は箇条書きのようにして神とその民について著していません。物語ということばを使いますと、聖書に記されていることがフィクションのような印象を持つ方がいるかもしれません。しかし、本当に起きた出来事であっても、私たちがそれを誰かに伝えるときには、物語のようにして語ります。そこにはストーリーがあり、出来事の重要性が高いと思われることが強調されます。私たちは互いに物語を語ることで、伝えたい出来事の理解を深めます。また、**語られる出来事に意味づけをします**。その出来事が社会にどのような影響を与え、人々をどのように動かすのか、物語はそのような意味づけの働きを果たします。その意味づけによって、聖書は神を信頼して生きる意味を読者に語り、そのような生き方へと私たちを招くのです。

旧約聖書では、古代イスラエルの人々が経験した救いの物語が語られています。新約聖書では、イエスについての物語が伝えられ、イエスの弟子たち（教会）の物語が述べられています。そのような意味で、聖書の物語は歴史に由来しています。人々が実際に経験した苦しみ、喜び、悲しみ、怒りの出来事がその基礎にあります。しかし、その物語は人々の歴史的な経験を伝えるだけではありません。むしろ、人々がその経験の中に神の救いや祝福を見出した物語となっています。神と出会った人々は、神の救いの物語を良い知らせ（福音）として語り継ぎ、その知らせは聖書にまとめられました。

確かに、聖書の物語はある特定の人々の経験した歴史にすぎないという事実は認めなければなりません。世界のすべての人々が経験した歴史ではありません。ですが、古代イスラエルの人々や初代のキリスト教会の人々が経験した出来事には、時代や地域を超えて人々が経験できる神からの救いの意味が込められています。聖書の物語から現在でも意味ある事柄を探し出す作業を聖書解釈と呼んでいます。どのような文書（小説、詩歌、記事、エッセー、論文などなど）でもその意味を取り出すには解釈が必要ですが、聖書も例外ではありません。物語を解釈しながら、聖書の良い知らせ（福音）が私たちの生きる時代にどのような意味があるのか、それを考えていきたいと思うのです。

この章では数ある旧約聖書の物語から一つを選んで、福音について考えてみたいと思います。次章では、イエスに関する物語を読むことで、福音について理解を深めていきます。

旧約聖書の主人公たち

旧約聖書の物語を見ていく前に、神の名について説明したいと思います。私たちにそれぞれ名前があるように、聖書の神にも固有の名前があります。旧約聖書を見ていくと、**神はご自身をヤハウェという名前で紹介**しており（出エジプト記6章2節）、旧約聖書全体は神を指すのにこの名前を使っています。近代社会では多くの人々は神を信じていませんし、神なしでも生活が成り立っています。ですから、教会がクリスチャンでない人々に神について伝えようとするときに、神の存在が課題とされるのです。しかし、古代において人々は何らかの神（あるいは神々）を信じ、礼拝をしていました。自分が属する民族や氏族が礼拝している神（あるいは神々）を人々は信じていたのです。そのような状況で問題となるのは、どの神を自分たちは礼拝しているのか、でした。普通名詞の神というだけでは、どの神（あるいは神々）を信じているのか分かりません。そこで聖書は神の名前を明確にし、聖書が示しているのがイスラエルの神であることを明らかにしているのです。

ただし、さまざまな歴史的な事情があって、ほとんどの日本語の聖書では神の名ヤハウェは「主」と翻訳されています。この固有名詞の表現が登場することはありません。しかし、以上に述べたような旧約聖書の趣旨に従って、本書では旧約聖書の神の名を表現するのにヤハウェをそのまま用いたいと考えています。

旧約聖書は神ヤハウェをめぐる物語を綴っていきますが、その物語にはもう一つの大切な要素が記されています。それは、**神ヤハウェによって選ばれたイスラエルの人々です**。旧約聖書の物語は、神ヤハウェの視点からその救いについて著されているというよりも、イスラエルの人々の観点から神ヤハウェが行った救いの業《わざ》について書かれています。つまり、イスラエルの人々の神ヤハウェとの出会いや経験が物語となっているのです。イスラエルの人々の神ヤハウェとの出会い、そこから経験された救い、それらが神ヤハウェの性格や価値観を表現しています。例えば、イスラエルの人々が神ヤハウェによって選ばれた理由として、この民が社会的に弱かったからとされています。これから説明をしていくように、そこに神ヤハウェの人間を見る視点が表されています。

ただし、弱い民は他にも数多く存在したはずですが、そのような中から敢えてイスラエルの民が選ばれた理由は明示されていません。いずれにせよ、神ヤハウェについての説明は、イスラエルの民が神ヤハウェに対してどのような理解を持ったのか（それを信仰告白と呼びます）、そのような形式によって語られます。そのような意味で、イスラエルの民は旧約聖書の一方の主人公と言えます。神なしでは旧約聖書の物語は語ることができないのと同様に、イスラエル抜きでは旧約聖書は成り立たないのです。

旧約聖書の主人公である神ヤハウェとイスラエルの民との関係は、神ヤハウェはイスラエルに救いと祝福を与え、イスラエルは神ヤハウェに信頼し従っていく、そのような双方向になっています。旧約聖書の物語は、その関係性がどのように推移していったのかを示すこと、そしてそこにある意味を伝えることに関心があります。そこには信頼、裏切り、回復などのモチーフが散りばめられており、面白い読み物ともなっています。本書では、神による正義と平和を中心に福音を考えていきますが、旧約聖書の物語にもその意義が貫かれています。

人々の苦しみの叫びを聞いて

イスラエルの人々が民族として形成されていく経緯の記述が、旧約聖書の第二巻の出エジプト記から始められていきます。この物語の舞台とされている時代についていろいろな説がありますが、紀元前一二〇〇年頃というのが有力です。それに先立って、イスラエルの人々の先祖となる家族（ヤコブとその子どもたち）が現在のパレスチナ地域からエジプトに移住して来ます。そのことは旧約聖書の第一巻に当たる創世記の後半に描かれています。この家族は神ヤハウェから選ばれて、その子孫には土地が与えられるという祝福が約束されていました。出エジプト記は、移住してきたヤコブの子孫たちがエジプトで増えていったこと、その子孫たちがイスラエルの民となっていくことを報告しています。エジプト人にとれば、このイスラエルの人々は外国人になります。そこで、エジプト人は一方的にイスラエルの人々に疑いを持ち、脅威を感じるようになりました。その脅威を取り除くために、エジプトは二つの政策を採用します。

一つは、イスラエルの人口を増やさないために、生まれてきた男児を殺すことでした。最初はイスラエルの助産婦たちが、生まれてきた男児を殺害するようにエジプトの権力者たちから命じられます。しかし、助産婦たちはその命令に従わず、男児の命を助けてしまいます。そこで、エジプト王ファラオはより直接的な方法を採用します。生まれてきた男児をナイル川に投げ込むことでした。このような悲劇が聖書には描かれています。もう一つのイスラエルへの圧迫の政策は、イスラエルの民を奴隷として酷使することです。イスラエルの人々は都市建設のために徴用され、レンガ造りなどの厳しい労働を強いられました。また農業にも駆り出されたと聖書は語っています。突然、不当に奴隷にされた人々は肉体的・精神的・社会的な苦難の淵に落とされました。

古代中東で人々が奴隷にされる理由はおもに二つありました。一つは、戦争に敗れて奴隷にされてしまう道筋です。もう一つは、負債（借金）を返すことができず、身を売ることで奴隷となりました。これ以外に奴隷とされることは不当であり、基本的には認められていませんでした。しかし、イスラエルの人々が奴隷とされたのはいずれにも当てはまらず、民族浄化のために人々を奴隷化することは当時においても容認されるものではなかったと考えられます。

イスラエルの人々は苦しみの叫びを上げました。**その叫びを神ヤハウェは聞き、イスラエルの民に関心を抱き、その苦しみに共感したと聖書は語っています**（出エジプト記2章25節、3章7節）。その共感によって、神ヤハウェはイスラエルの人々を奴隷から解放しようと決意します。その解放の方法として、まず神ヤハウェはモーセという人物を選び出します。モーセはイスラエル人の男児として生まれ、不思議な経緯で虐殺の危機を逃れ、エジプトの王宮で育てられた人です。その後、殺人を犯してエジプトから荒野に逃亡し、そこで神ヤハウェと出会います。この出会いの中でモーセは、奴隷にされたイスラエルの人々をエジプトから救い出し、神がその先祖に約束した豊かな土地へと導いていく役割が与えられます。モーセはエジプトに派遣され、イスラエル人の奴隷からの解放について交渉を開始します。エジプト王ファラオは奴隷の解放を認めず、イスラエルへの圧迫を強めていきます。神ヤハウェは主導権を握って、そのような危機的な状況に介入していきます。神ヤハウェはエジプトに一連の災害をもたらし、この強国に自らの力を見せつけます。エジプトの人々は災害に苦しみ、その自尊心が砕かれていくのです。最終的にエジプト王ファラオはモーセに妥協します。モーセに導かれたイスラエルの民は、奴隷状態から解放されます。そして、エジプトを脱出し、荒野に出て、神ヤハウェがイスラエルに約束した土地（現在のパレスチナ地方）に赴くのです。

抑圧から解放する「救い」の物語

イスラエルの民は、この解放の物語に救済のモデルを見出しました。神ヤハウェは抑圧されている人々に味方し、その苦しみに共感します。奴隷とされたイスラエルの人々の苦しみの声を聞いたときに、神ヤハウェは人々の先祖と結んだ契約を思い出したと聖書は記しています。イスラエルの先祖たちは家畜を飼う人々で、放浪の生活でした。この人々は奴隷ではなく、ある程度の経済的な豊かさも享受していることを聖書は語ります。しかし、安定した生活は得られず、社会的にも差別されていました。そのように抑圧されていた先祖たちを神ヤハウェは選び、祝福を約束します。その祝福とは、イスラエルの人々を増やすことであり、その人々に土地を与えることでした。土地の取得とは、生活の経済を安定させること、そして自らの安全の保障を意味していました。社会的に差別を受けていたイスラエルの先祖たちに人間としての生活をもたらし、その尊厳を回復させようとしたのです。奴隷にされたイスラエルの人々はエジプトにおいて抑圧の直接的な対象でした。その苦しみの叫びに突き動かされて神ヤハウェは解放に向けた行動を起こすのです。確かに、古代という時代的な制約の中で聖書が著されています。それゆえに、旧約聖書も新約聖書も奴隷制度そのものを否定してはいません。奴隷制度が非合法とされるのは近代を待たなければならないという歴史的な現実はあります。しかし、聖書の神は奴隷に追いやられた者に救いをもたらし、人間としての尊厳を回復しようと試みます。肉体的に、精神的に、社会的に、その救いは及びます。すでに述べたように、**神ヤハウェは社会的な弱者を救う正義を貫徹しようとしています。その正義を、奴隷とされていたイスラエルの民は経験したのです。**

イスラエルの人々は神ヤハウェの助けによってエジプトから脱出し、モーセに導かれて荒野へと逃亡したことを聖書は報告します。聖書は荒野について象徴的な意味を込めているように考えられます。神ヤハウェは荒野や山岳で自らを現したことを指摘しておきたいと思います。イスラエルの指導者であるモーセは、荒野で生活する中で神ヤハウェから招きを受けます。神である存在は、どのような場所であっても自らを啓示することができるはずです。モーセがエジプトの王宮で生活していたときに、神ヤハウェはモーセに語りかけることもできたはずでしょう。実際、キリスト教の教え（教理）では、神は普遍的であり、どのような場所においても自らを啓示することができ、神の救いの意味はどの場所によっても変わらないことを教えています。しかし、神ヤハウェはエジプトには現れませんでした。モーセを荒野で指導者として訓練する期間が必要であったと考える人もいますが、もっと根本的な課題があるように思われます。

荒野はつねに周縁地域です。中央である都市から圧迫され搾取され続けます。荒野に住む人々は権力を持つことはありません。他者を搾取できるほどの社会的な力も持ち合わせていません。**荒野という場所に自らを啓示する神ヤハウェは、社会的に周縁部に追いやられた人々を優先的に救い出す**、そのような意味が込められているのです。イスラエルのエジプト脱出の物語において、エジプトとその権力者たちが中央に位置づけられます。荒野で生活をする人々、エジプトで奴隷とされた人々は社会的な周縁に置かれています。神ヤハウェは人々を抑圧する中央を拒絶し、抑圧されている周縁の側に立つのです。荒野に人々が逃亡したのは新たな土地へ移住するためですが、神ヤハウェと出会い、その民として生きていく意味も込められています。

新約聖書の福音書に描かれるイエスも周縁地域の出身であることが分かります。イエスが育ったのはガリラヤのナザレという村であり、ユダヤ社会の中央に位置していたエルサレムから見れば遠い周縁です。イエスが語った福音が周縁地域から始まったことは偶然ではないでしょう。周縁に存在するから、社会的に周縁に追いやられているから、神による救いの良い知らせを語ることができたとも言えるのです。

この世界にはさまざまな苦難があります。それは聖書物語の舞台の時代も現代も変わりません。神はそれを見逃さずに、救いの業を行います。この神ヤハウェの行動に基づく解放を経験することが救いであり、その知らせが福音です。私たちは神と出会ってその価値観に生きる中で、誰かから受ける苦しみから解放され、また誰かを苦しめる状況から解放されていきます。**神は私たちにそのような解放が実現することを望み、私たちがそのような正義を実現していく生き方を選ぶように期待して呼びかけているのです。**

そのような意味で、福音を信じて生きていくとは、中立的ではないでしょう。ある立場を選んで生きていくことです。私たちは〝偏見〟を持ちたくないという建前のもと、ある特定の価値観には立たずに、中立で自由な立場でいたいと考えがちです。確かに、この社会のさまざまな考え方を評価していくためには必要な姿勢でしょう。それ自体は否定されるべきではありません。しかし、私たちが現実に生きていくためには、何らかの価値観を採用していかねばなりません。私たちは日常で何を大切にしているのか、それを考えれば分かります。家族なのか、仕事なのか、社会的地位なのか、金銭なのか、私たちは何かを大切にして生きています。それは、私たちが前提とする価値観の反映です。何も大切にしない人はいませんし、すべてのことに中立的であろうとする人は逆に他者から信用されないでしょう。

偏見に気をつけることと、私たちが特定の価値観に生きていることとは、違うことです。むしろ、両者は健全に成り立たなければなりません。神の福音は、神が大切にすることを大切にする生き方です。それは、神の価値観を尊重することです。その価値観とは、人間が尊厳を持って生きることができることであり、互いに助け合って生きていくことです。酷い苦しみを経験している人々がそこから救われることです。そのような生き方に私たちを招き、福音の価値観を基に生きるように呼びかけられているのです。福音はある特定の価値観ではありますが、人を生かすために必要な生き方なのです。

神が民と契約を結ぶ「救い」とは？

イスラエルの民は奴隷状態から解放されましたが、それだけでは十分に生きていることはできません。すでに指摘したように、出エジプト記の物語によれば、エジプトを去った民は荒野を旅して行くことになります。そこには生活の保障がなく、生きるのに厳しい場所です。実際、イスラエルの民は荒野の旅に対して繰り返し不満を述べています。しかし、神ヤハウェはイスラエルの人々を苦しみから解放して荒野に放置したわけではありません。神ヤハウェはイスラエルを特別に選び出して自身の民として認め、人々が互いに助け合って生きていけるように導くのです。この**神ヤハウェとイスラエルとの関係を、聖書は契約と呼んでいます。**神ヤハウェはイスラエルの民と、シナイという山で契約を結びます。聖書の契約は「**ヤハウェはイスラエルの神となり、イスラエルはヤハウェの民となる**」という聖書のことばにまとめることができます。

契約と言いますと、現代では売買契約を思い出される方々も多いでしょう。約束という意味では聖書の契約も現代の売買契約も同じかもしれません。しかし、両者の目的は大きく異なっています。売買契約は経済的な利益や利便性を得るためのものです。モノとお金が中心となっています。一方、**聖書の契約の目的は、神ヤハウェと人間との関係をつくり出してそ**

れを維持していくことです。人格的な存在（神と人間）が中心となっています。神ヤハウェはイスラエルに関わり続け、イスラエルは神ヤハウェが示す価値観に生き続けていくのです。この「続けていく」という表現は契約を考える上で大切です。イスラエルにとってエジプトからの解放の経験は歴史的に一度のことです。同じことを繰り返すわけではありません。もちろん、解放の考えは神ヤハウェによって維持され、抑圧が起きれば神ヤハウェは解放の業をその都度に違った形で行います。しかし、神との関係を維持するという意味で、契約はより継続的です。**この神との関係を保ち続けることも聖書は救いと捉えています。**私たちは神に出会うことで苦しみからの解放という救いを経験しますが、救われた者が神と出会い続けていくことも救いの経験です。

また、**契約を考える上で重要な要素として、共同体の形成も挙げることができます。**契約によってイスラエルは神の民となると申し上げましたが、民としてそこに関わる人々同士に相互の関係性が築かれていきます。その関係に神の正義と平和が実現することが期待されます。人々の尊厳が守られ、互いに助け合って生きていくような環境をつくるように求められます。それが契約による共同体の意味です。神を信頼して生きることは、個人のこととして捉えられることが多いと思います。確かに、神は個々人を尊重して、何にも代えがたい存在として扱ってくださいます。同時に、私たちは一人で生きているのではなく、他の人々との関わりによって生かされていることの意義を聖書は強調しています。共同体の中で個々人は尊重され、共同体の中で互いに協力し合って生きていくのです。

旧約聖書の「律法」は厳格な戒律か？

このシナイ山での契約には**律法と呼ばれる社会的・宗教的な規範**が記されています。出エジプト記やレビ記の中に六百を超える細かい規定が書かれている、と言われています。そのような中で有名なのは「十戒」と呼ばれる律法です。映画などでも扱われていますので、ことばとして聞かれた読者の方々も多いでしょう。「十戒」には文字通り、十の規範が記されています。イスラエルの人々は神ヤハウェ以外の神々を信頼して生きてはならないとか、週の最後の日は安息日で働いてはいけないとか、そのような内容になっています。また、殺してはいけない、姦淫してはならない、などの人間関係についても言及されています。十戒は、神と人間との関係を定めていると同時に、社会生活についても定めています。この二つの特徴は十戒だけでなく、他の律法にも行きわたっています。律法自体は、神と人間との関係と人間同士の関係が同時に成り立つように考えているようです。近代に生きる私たちが想像する以上に、古代において宗教と社会とは結びついていました。社会に混乱があるとすれば、それは神と人間との関係がうまくいっていないという理解になります。古代イスラエルの人々にとって、宗教と社会を区別するという発想はなかったでしょう。

律法に対する考え方を見てみたいと思います。古代イスラエルの初期には律法はあまり尊重されていなかったようです。しかし、時代を経てユダヤ社会が到来するようになってから（紀元前四百年以降）、ユダヤ人たちは律法を厳格に守るようになっていきました。律法は神が与えたものであり、それゆえに大切にされるべきである、そのように人々は意識していました。それ自体は問題ではないと思います。律法の由来は人間ではなく、神であるとされています。ただ気をつけておかねばならないのは、律法を守る動機であり、律法の理解のあり方です。律法が定められた理由やその内容をよく吟味せず、ただ神が定めたという事実に基づいてユダヤ人たちは律法を守ろうと試みるようになったと聖書は記しています。それは**律法を宗教的な戒律に変えてしまった**ことを意味しました。

例えば、安息日という律法を考えてみましょう。律法は、週の最後の日に労働を離れて休むようにイスラエルの人々に求めています。それは、六日間の労働の疲れを癒やし、人間性（肉体的、精神的、社会的など）を回復するための規定です。特に休むことができないその日暮らしの人々や奴隷に対する配慮があったことを見過ごせません。休みなく働かなければ生きてはいけない人々が存在しました。そのような状況の中で、せめて週の終わりの日にだけでもこのような人々が休めるようユダヤ社会がシステムを作るように求められているのです。その日暮らしの人々が休んで食べられるように富の再配分が必要でした。それが安息日の意味です。しかし、安息日の意味はそれとは違って理解されていました。神が休むように命令しているのだから、安息日に仕事をしてはならない、そのような理解になっていったのです。結果、安息日にも働かねば生きてはいけない人々は、この律法を破ったとして「罪人（つみびと）」と呼ばれて糾弾されてしまいました。安息日の福祉的な規定の意味が忘れられ、安息日の恵みを享受できるはずの人々が社会から疎外されてしまうようになったのです。律法が定められた理由、あるいは律法が守ろうとした人々のことを考慮せず、神が定めたという理由だけで律法を守ろうとすることで、律法は人間の生き方を無視する宗教的な戒律となっていったのです。

しかし、**律法は、神ヤハウェと契約を結んだ共同体（人びとの集まり）が実際にどのように生きていけば良いのか**、そのことを表しています。律法が与えられたのは、それを文字通りに守ることができないことから来る罪悪感を人々に与えるためではありません。その罪悪感から人々が神を求めるようになるように導くためでもありません。ましてや、神ヤハウェが人々を罰するために定められたのでもないのです。確かに律法は古代のイスラエルに与えられたので、現代の価値観とは違ったことがさまざまに述べられています。例えば、古代イスラエルは父権制度と呼ばれる男性中心の社会でした。その社会では女性の社会的な地位は低く、性差による差別がありました。現代的な観点からすればそのような点には気をつけなければなりませんが、**律法が神ヤハウェの価値観を示していることを理解すべきでしょう。**

どのような社会にも規則や規範があります。そのことで人々は秩序と安全の保障を得ながら暮らしていきます。同時に、規範はその社会の価値観を表現します。民主主義が大切であるという価値観があれば、その社会は議会による運営を法として定めるでしょう。基本的人権や福祉は守られなければならないという価値観をその社会が持っているならば、その実現のために規範が作られます。旧約聖書の律法も同じです。律法は古代イスラエルの価値観を表現します。ですから律法を読むことで、神ヤハウェが目指す価値観が見えてくるのです。

イエスが生きた時代のユダヤ人たちは、律法を二つのことばにまとめました。それは「神ヤハウェを愛すること」と「隣人を愛すること」です。イエスもこの見方を受け入れて、高く評価しています。ここでの「愛する」とは、感情的に好ましく思うことではありません。

むしろ、大切にすることであり、尊重することです。**神と人々を大切にして、責任ある言動をすること、ここに律法に示された神の価値観の基本が描かれています。**律法は人々の生活を縛るものと考えているクリスチャンは多いように思いますが、律法が定められた意図はそのようなことにはありません。**神の価値観に従って互いを大切にして生きるべきこと、**それを示すために律法は与えられました。

人は誰も一人で生きているのではありませんし、生きていくこともできません。つねに誰かとの関わり合いを持ち生かされています。そこで大切になってくるのは、人々の関係性です。互いは大切にされる存在です。それが聖書の主張です。「私」だけが大切にされるだけでは十分ではありません。「私」が大切にされるのと同様に、他者も大切にされなければなりません。そのような相互の価値を認め合う関係の中で、人々は尊厳をもって生かされることができます。律法の基本的な目標は、そのような関係性を積極的に認め、構築していくことです。

聖書全体が語る「良き知らせ」のモデル

まとめてみましょう。エジプト脱出の物語とシナイ山での契約は、聖書全体が語る福音のモデルを示しています。**神は苦難を経験している人々を救い出し、その人々が互いに尊厳をもって関わり合うことを期待しています。**「神を愛すること」とは、神の価値観を尊重することです。その神の価値観は、この福音の内容を生き方の土台に据えることです。それは、私たちが「隣人を愛すること」です。神を信頼することは、他の人々との尊重し合える関係につながっています。別々に成立しているのではありません。神の価値観に従うことで、人々を大切にする生き方を私たちは選ぶことができるのです。

神が伝えようとしている良い知らせである福音は、このようなあるべき関係を神と結び、他の人々と結ぶことです。私たちは大切な人々を苦しめたいとは思わないでしょう。もしそうであるならば、人々を抑圧するような生き方を私たちはせず、神の救済の出来事が実現していくのです。**神による救済には、①抑圧がもたらす苦しみからの解放、②神への継続的な信頼に基づく人々の相互援助、**この二つの側面が含まれます。そのような生き方を神は求めています。それが、福音によって生きていくことを意味しているのです。

考えてみましょう

・出エジプト記に描かれた福音のモデルの二つの特徴は何でしょうか?

・神が期待する解放について説明してください
・契約の意味について考えてみてください
・福音について何を学ぶことができましたか？

第三章　神の国の福音――イエスの生・死・復活

旧約聖書から新約聖書へ

第二章では旧約聖書から福音について扱いました。この第三章ではイエスについて見ていきます。イエスの生涯は、新約聖書にある福音書と呼ばれる四つの書の中で描かれています。イエスが示した福音について考える前に、すでに説明した内容とは違った角度から旧約聖書と新約聖書との関係を改めて説明してみましょう。新約聖書を残したキリスト教会がイエスをどのように信じているのか、その手掛かりの一つとなるからです。

紀元一世紀に始まったキリスト教会は、ユダヤ教の聖典である旧約聖書をそのまま継承しました。その最大の理由は、キリスト教会がユダヤ教から派生したことにあります。イエス自身がユダヤ人であり、その弟子たちの大半もユダヤ人、ユダヤ教徒でした。イエスも弟子たちも旧約聖書を「神のことば」と信じて、そのように告白していたでしょう。イエスが死に、復活した後、ユダヤ人の弟子たちは教会を形成しますが、自然とユダヤ教の伝統を受け継ぎました。律法を守ることに熱心で、旧約聖書をそのまま継承していきました。しかし、より大切なことは、その旧約聖書とイエスとを弟子たちが結びつけて理解したことです。弟子たちは、旧約聖書には自らの師であるイエスを指し示す記述があると解釈したのです。それには理由がありました。近代において、真理は新たに発見されることが認められます。しかし古代では、真理は昔から存在し、人々に啓示されていると考えられていました。新しい考え方が生まれたときに、それが真理であるためには、過去にその考え方が真理として示されていることが必要です。イエスの福音理解が真理であるとするならば、それは昔に啓示されているはずです。弟子たちはイエスそのものを権威ある過去の書物である旧約聖書に求め、イエスが真理であることを証明しようとしました。

例えば、後述するように、イエスはメシア（キリスト）として告白されますが、それは旧約聖書の考え方に由来しています。旧約聖書抜きではこのような告白には意味がありません。このようにして、キリスト教会は旧約聖書の宗教的な権威を認め、自らの正典として受け入れていきました。それは現在でも変わることはないのです。旧約聖書と新約聖書との関係にはいろいろな要素がありますが、キリスト教会が旧約聖書を「神のことば」として受け入れた上で、新約聖書を著していったことは大切なことです。

イエスとは誰か?

それでは、イエスの生涯から福音について考えてみましょう。イエス・キリストという表現を聞かれることが多いと思います。学校の世界史の授業などで、そのような表記になっていると思います。イエスはユダヤ人の名前で固有名詞です。旧約聖書では「ヨシュア」や「ホセア」に当たる名前で、ユダヤ社会では普通に男子に与えられていた名前でした。ただ、発音については気をつけておくべきことがあります。実際にはイエスはユダヤ社会では「イェシュア」と発音されていたと考えられていますが、それがギリシア語の新約聖書では「イエスース」と記述されました。そのギリシア語の発音がキリスト教会に広まっていき、日本では「イエス」と発音されています。

一方、キリストは、ギリシア語（新約聖書の原語）で「油注がれた者」という意味の普通名詞です。**イエス・キリストとは「イエスという人物をキリストとして告白する」との意味**になります。油注がれた者（旧約聖書の原語であるヘブライ語ではメシアと呼ばれていま す）とは古代イスラエルの習慣に由来しています。王、祭司、預言者といった特別な働きをする人々に対して、その任職のしるしとして頭に油を注いだと言われています。その働きの中から特に王について強調されるようになり、メシアすなわちキリストは、神から選ばれた理想的な統治者という意味で使われるようになりました。ですから、イエス・キリストとは「イエスは統治者」であるという告白になり、そのように告白する者は自らをイエスに従う弟子であると認めていることになります。

イエスの生涯について知るには、紀元一世紀から二世紀にかけて存在した初代キリスト教会が著した福音書と呼ばれる文書群を読まなければなりません。新約聖書にはそのうち四つの福音書（マタイの福音書、マルコの福音書、ルカの福音書、ヨハネの福音書）が含まれ、正典福音書と呼ばれています。キリスト教会以外でもイエスについて言及されている文書はわずかにあるようですが、その生涯について詳しく書かれた文書はありません。イエスについて詳しく書いているのは福音書以外にはなく、教会は一般的に正典福音書に沿ってイエスの生涯について理解してきました。

マタイの福音書とルカの福音書によれば、イエスは古代イスラエル王ダビデの家系（ユダ族）としてユダヤ地方のベツレヘムで、紀元前六年から四年前後に生まれています。しかし、成長したのはガリラヤ地方のナザレという村でした。父ヨセフは大工（あるいは石工）

であったとされ、イエスは母マリアや弟妹たちの生活の面倒をみるためにその家業を継いだと考えられています。イエスは職人とされていますが、当時の社会状況を考えると、肉体労働者でもあったようです。その後イエスはナザレに住む家族を離れて、神の国を宣べ伝える働きへと専念していきます。まず、イエスはヨルダン川でヨハネと呼ばれる人物から洗礼を受けます。マルコの福音書によれば、神がイエスを選んだという意味がこの洗礼にはあります。そしてイエスはヨハネから去り、ガリラヤ地方で独自に神の働きを進めていきます。

イエスは、ユダヤ教の律法に適合しないとして差別を受けていた「罪人」と呼ばれる人々に神の救いと祝福とを宣言していきました。また、その祝福の実現のしるしとして、癒やしや食べ物を与える奇跡を多く行ったと福音書は報告しています。イエスは単独で神の国の宣教を行ったのではなく、弟子たちを集めました。福音書はイエスと寝食を共にした十二人の男性の直弟子たちについて強調していますが、その他にも多くの男女の弟子たちがいたことが分かります。イエスと弟子たちを経済的に支えていた女性たちの存在があったことも、ルカの福音書は語っています。

イエスの活動期間は三年程度であったと推定されています。この短い間に多くの苦しむ人々が救いを経験し、その尊厳が回復されていきました。しかし、イエスの考え方と働きはすべての人々に受け入れられたわけではなかったのです。ユダヤの政治的・宗教的な権力者たちは、後に見ていくように、イエスの考えが当時のユダヤ社会の根幹を揺るがしかねないとして、イエスを危険視していました。ユダヤ社会を実質的に支配していたローマ帝国も同じように考えていたようです。イエスの男性の弟子たちも、イエスの考えと自分たちの野望との違いに気づき裏切ってしまいます。結果、イエスは陥れられて十字架刑（ローマ帝国の刑罰で、政治犯に適用されました）によって殺されてしまいました。イエスの神の国運動は潰えたかのように思われましたが、神はイエスを死者の中から復活させたと福音書は報告します。よみがえりのイエスは弟子たちを励まし、彼らの考え方を変えて、自身が進めた神の国の宣教へと弟子たちを招きます。弟子たちはそれに従い、教会を形成していきました。

そのようなキリストであるイエスは、どのような福音を語り、いかにしてその実現を目指したのでしょうか？

イエスが伝えたのは「神の国の福音」

福音書の第二巻であるマルコの福音書1章15節には、イエスのことば「**時が満ちました。神の国は近づいてきました。回心して、福音を信じてください**」が記録されています。イエスの語る福音をまとめたことばとすることができます。

「時が満ちる」と最初に記されています。これまでの時間の積み重ねが、ある一つの時間において頂点に達しているという理解ができるように思います。旧約聖書は古代イスラエルの歴史を時間の流れの中で記していますが、同時に未来に対する神の救済の期待の歴史でもありました。神は各々の時代に救いと祝福とを人々に実現してきましたが、それでも人々の危機が完全に去ることはありませんでした。そこで人々は将来における神の完全な救いを待ち望んだのです。それはいろいろな形で表現されました。その期待の積み重ねの時代から、完全な神の救いと祝福を人々が経験できる時代が到来したことを意味する表現として「時が満ちる」が用いられているようです。

ただ気をつけなければならないのは、そのような救いと祝福は人々の思い通りになることを意味するのでないことです。むしろ、神の意志である正義と平和とが明確な形でこの世界に実現することであり、人々がそれを経験することであり、人々をその実現への参与のために呼び出すことです。そのような時代が到来する、その期待と宣言がこの「時が満ちる」には込められています。別の見方として、神の国という時代がこの世界に充満している、そのような解釈もあります。いずれにせよ、イエスは神の意志の実現を期待し、それが迫っていることを宣言しているのです。

「神の国」とは、神の支配とも翻訳できることばです。国とか支配とか言いますと、それは第一に政治的な用語であって、信仰とは無関係な事柄のように思えます。確かに、イエスが生きた当時に「神の国」という表現をユダヤの人々が聞くとまず、ユダヤ国の独立を連想したと考えられているようです。紀元一世紀前後のユダヤ国は名目的には独立していましたが、実質的にはローマ帝国の支配下にありました。特に軍隊による圧政と税金による搾取によってユダヤに住む人々は苦しめられていたようです。そこで人々はローマからの独立を夢見るようになりました。ある人々は神による直接的な介入を期待していました。また、ある人々は暴力によってローマに対抗し、自立の獲得を目指していました。いずれにせよ、「神の国」という表現は、神の民として自分たちを理解していたユダヤ人たちが政治的に自立するための共通したことばだったのです。

しかし、イエスはこの表現をもって自身の福音理解を示しています。**神の国とは、文字通りに言えば、神が統治していることを意味しています。**人々の間では政治的な意味が込められた神の国という表現をイエスはひっくり返しているのです。ある種のパロディーともいえるでしょう。イエスに限らず、聖書は同じようなことをあちこちでしています。当時の人々の常識として理解されていたことば・表現・物語に違った意味を加えて、福音の理解のために役立てようとするのです。旧約聖書のノアの洪水の物語がそうですし、旧約律法の有名な「目には目を」という規範もそうです。イエスは神の国という表現を用いて、本当にこの世界や社会を統治しているのは誰なのか、それを人々に気づかせようとしました。人間が従うべき存在は誰なのか、そのことを訴えました。もちろん、人々は神の名によって行動して社会生活をしていましたから、自分たちは神に従っていると考えていたはずです。しかし、イエスから見れば、人々の神への服従のありかたは間違っていたのです。神に従うのではなく、神の名を誤用して成り立った人間の権威に人々はひれ伏しているとイエスは考えました。そこで、本当の意味で神に従う意義を込めるために、あえて神の国ということばを使い、その意味を変えてイエスは語ったと考えられます。

神の国の内容については、教会の中でいろいろと議論されてきて、さまざまな意見が述べられています。そのような中で、旧約聖書から新約聖書の大きな流れから、**神の価値観が実現している状況**として神の国を理解することができます。これまで、神はこの世界に自身の**正義と平和を築く**ことを願ってその試みをしている、と述べてきました。人が人を支配して利用し、抑圧し、搾取することを止めさせます。社会的に弱っている人々が助けられ、人々が互いに助け合って生きるように導きます。神はそのような正義と平和をもたらそうとしているのです。

イエスは神の国という表現を使って、この神の正義と平和のビジョンを訴えたのです。イエスによれば、神の国がこの世界に到来する時が迫っています。到来の意味についてもいろいろな議論がありますが、ことばだけ取り上げますと、イエスが神の国を期待していたことが分かります。そして、マルコの福音書は、イエスの生涯を通じてこの神の国の到来を経験できると語っています。イエスは神に従い、その価値観の実現に生きたのです。

では、神の国は現代にどのように実現していくのでしょうか？　それは、人々が置かれている社会的な状況によって変わってきます。人々の痛みは各々で違っているからです。例えば、ジェンダー（性差）差別で苦しんでいるならば、性差に基づく不当な扱いから解放されていくことが神の国の実現と言えるでしょう。戦争や暴力で苦しんでいるならば、命の安寧をもたらす平和を経験することが神の国です。イエスが示した神の国のビジョンは、特定の社会的な制度の確立ではありません。ましてや、神の国の実現が、既存のキリスト教会がこの世界を政治的・宗教的に支配することをイメージするとすれば、それはまったくの間違いです。教会の使命は、神の正義と平和とを実現することを通して人々に仕えることであり、この世界を支配することではありません。神の国は、神を信頼して生きる者に委ねられた継続の働きそのものであり、人々が神の正義と平和を各々の状況の中で経験していくことです。

悔い改め＝メタノイアの意味

次に、「回心」について見てみます。このことばのギリシア語は「メタノイア」と言い、多くの日本語の聖書では〝悔い改め〟と翻訳されています。悔い改めとは、過ちを反省して、その行いを改めることです。悪いことをしてしまったので、それを反省してその悪を止めるというニュアンスがあります。このニュアンスに基づくことばとして「改心」がありま す。もちろん、自分の悪い行為を認めて、それを正すことは良いことです。このようなモラルとしての理解はメタノイアにもあるでしょう。しかし、これだけの理解ではメタノイアの原意を正確に表現しているとは言い難いところがあります。したがって、メタノイアを日本語で表現したときには、「改心」ではなく「回心」を用います。

回心である**メタノイアは、心を転換することであり、生き方を変革することを意味します。**聖書は人々の生き方の変革の問題として悪や罪の課題を扱っています。神の正義や平和が実現しない原因として人間の悪と罪について聖書は指摘します。悪と罪が放置されることはなく、最終的な解決として赦しへとつながっていきます。赦しについては後述しますが、ここでは赦しや和解においてメタノイアの課題があることを考えておきたいと思います。他者を抑圧して悪や罪を行う人々に対して、そのような行為を止めるように神は命じます。それは、その抑圧によって苦しむ人々が存在するからです。

神の価値観からすれば、そのような人々は抑圧から解放されるべきなのです、同時に、抑圧している人々も自らの行為から解放される必要があると聖書は語ります。抑圧者はその悪と罪の行為によって自らを卑しめて、人間性を喪失しています。悪と罪を止めることは、その人の人間性を回復し、神の救いと祝福へと導くのです。それは、悪や罪を止めるという生き方の変革（メタノイア）に基づきます。

しかし、メタノイアは悪の問題だけでなく、むしろ個人として、また社会としてのより広い人間の生き方に関わってきます。マルコの福音書を見ていきますと、イエスは人々に生き方の変革を求めています。イエスは罪人と呼ばれた人々に救いの業を行っていきました。ここでの罪人とは、ユダヤ社会においてその底辺に追いやられて、差別を受けていた人々です。この時代には律法は誤用されて、律法を文字通りに守ることのできる人が神から祝福されると考えられていました。一方、さまざまな事情で律法を守ることのできない人々や、職業などの理由で守る資格が認められない人々は罪人とされて、神の祝福を失っていると考えられ、それゆえに差別されていました。罪人とされた人々も、自分たちは神の祝福を得ることはできないと思わされ、救いをあきらめていました。

しかし、イエスはこの罪人に神の救いと祝福を宣言しました。罪人が自分たちのことを神の祝福に値しない存在であると考えるような生き方ではなく、神によって祝福されていることを認める生き方を選ぶようにイエスは求めます。悪を離れること以上に、神の祝福と救いの宣言に信頼して生きていくことに、罪人の回心・変革（メタノイア）の意味があります。イエスはこのようなメタノイアの意味合いによって、人々に変革を求めました。絶望している人々に、神による祝福に生きる希望をもたらしたのです。この生き方の転換・変革がメタノイアです。

福音を信じるとは？

福音を信じるとは、「良い知らせ」を信じることです。福音は神が示している価値観であり、それは正義と平和でした。近づいている神の国において、この福音が実現していきます。そのような**福音を信じるとは、第一にその価値観を最重要として認めることです**。この世界はいろいろな考え方や価値観に満ちています。その中から自分の人生にとって大切なものを選んで生きていきます。それは難しい哲学ということだけではありません。私たちが日常に何らかの選択をするときに、その選びの基準としている価値観なども含みます。そこで神の正義と平和を選択していくことが、福音を信じることです。しかし、それだけでは十分ではありません。

第二に、神の価値観を大切にすることで、私たち自身が神の正義と平和に生きていきます。私たちは選んだ価値観に基づいて生きていくのです。イエスが奨める「信じる」とは、頭の中で納得することにとどまりません。ことばとして表現された価値観の重要性を認めるだけではないのです。その福音に沿った生き方へと私たちを押し出します。「信じる」にはいろいろな意味がありますが、聖書の基本的な考え方は「信頼する」ことです。「神を信じる」とは「神を信頼する」ことです。福音をもたらした神を人格的に信頼するのです。その信頼は、神が示す生き方や価値観を大切にすることへ私たちを導き、その価値観に生きることに必ずつながります。神は私たちに期待をもって自身の価値観を提示しています。その価値観を尊重することによって、私と他者とがともに幸せに生きていく期待です。福音を信じるとは、福音をもたらす神を信頼することであり、その福音の内容に生きていこうとすることです。

非暴力・抵抗というイエスの生き方

メシア（キリスト）として告白されるイエスは、歴史の現実に生きた人物でした。すでに述べたように、新約に記された四つの正典福音書はそれぞれの立場からそのイエスの生涯について記し、それに意味づけしています。イエスはユダヤ人であり、ユダヤ教・ユダヤ社会に生きました。イエスが生きた時代のユダヤはローマ帝国に支配されていました。人々はユダヤとローマという二つの社会体制によって支配されていたのです。社会の矛盾は人々の生活を蝕んでいました。ユダヤ社会は、人々が共に安心して暮らすことができるように定められた律法を誤用しました。その結果、律法を文字通りに守ることのできない人々を罪人と呼んで差別し、搾取したのです。ローマの体制は軍事と税制でユダヤを植民地化し、人々に苦しみをもたらしました。

イエスは苦難にあえぐ人々や社会から見捨てられた人々に共感して、そのような人々に神の救いと祝福を宣言し、神の価値観の実現を試みていきました。差別された人々と共に食事をして、その交流を楽しみました。病の人々を癒やし、そこからの社会復帰へと導きました。貧しい人々と食べ物を分かち合いました。人々が互いの尊厳を守って協力し合うように奨めただけでなく、敵である者をも愛する（大切にする）ように語りました。**イエスの生き方は、旧約聖書に記されていた神の正義と平和を継承するものであったと言えます。**社会的に弱められた人々とともにいる神、人々を抑圧し搾取する権力者をその罪から解放する神、暴力を用いずに平和を実現しようとする神、そのような神にイエスは信頼し、その意志に従っていきました。

一方、このような**神の正義と平和に逆らう人々に対して、イエスは暴力を用いずに抵抗しました。**ユダヤ社会の指導者やローマの体制を容認すれば、多くの人々が苦しみに放置されてしまうからです。社会の底辺から神の意志を実現しようとするイエスは、当時の社会にとって危険な存在に映りました。イエスが既成の権力を批判しただけでなく、イエスの考えが社会の根底を揺るがすように感じられたからです。実際、イエスの福音はそのような力を持っていました。権力者はイエスを非難します。それに対してイエスは暴力を用いずに抵抗しました。両者は妥協なくぶつかり合ったことを福音書は描いています。

イエスが生きた時代、ユダヤ社会は暴力に満ちており、人々の衝突の解決には苛酷な暴力が容認されていました。ローマ帝国は軍隊の力を背景に人々を支配していました。もちろん、ローマの兵隊が身近にいたわけではないでしょう。しかし、社会の秩序を乱すような事件が起きれば、軍隊が人々を暴力によって押さえつけようとしました。一方、ローマの支配に苦しんでいたユダヤの人々の中には、暴力によってローマに反抗しようとする人々がいました。実際にテロ行為が行われていたようです。この暴力とイエスとは無関係ではありませんでした。イエスの男性の弟子たちは、イエスが暴力を用いてローマ帝国をユダヤから追い出して、独立した国を建てるようなビジョンを持っていたと考えられます。イエスには暴力が期待されたのです。

しかし、イエスは暴力を拒絶しました。むしろ、暴力を用いずに平和をつくることを勧めます（マタイの福音書5章9節）。人々を抑圧し搾取する権力者を告発し続けて抵抗しましたが、暴力は用いませんでした。暴力は神の福音にはふさわしくないとイエスは考えたようです。ここに非暴力抵抗主義というイエスの生き方を認めることができます。非暴力と抵抗とは矛盾する考え方ではありません。両者は同時に成り立ちます。それをイエスは体現したのです。

イエスは十字架で殺された

イエスとユダヤ権力者との緊張は高まり、イエスを亡き者にしようと人々は画策します。福音書は、ユダヤ権力のイエスへの憎悪についてイエスの人気の高まりをその理由としています。しかし、この単純な記述にはより複雑な背景があったと思われます。イエスの律法理解は当時のユダヤ社会の基盤を揺るがしてしまう考え方でした。イエスを支持する民衆が増えてくると、それがユダヤ権力に逆らう政治的な勢力になって、社会的な秩序を混乱させる危険がありました。その状況を恐れて、イエスを排除するようになったと考えられます。

また、弟子たちもイエスに対して無理解でした。弟子たちは、イエスを政治的なメシア（統治者）として祭り上げて、ローマからユダヤの国を独立させようとしました。しかし、イエスにはそのような思いはなく、草の根運動として非暴力による神の国運動を展開しました。イエスと男性の弟子たちとは目指すところが違い、弟子たちはイエスに失望して裏切ってしまったのです。このような事情の中で、イエスは十字架刑に処せられて、殺されてしまいます。十字架刑はローマ帝国の死刑の方法であり、政治犯に適用されたようです。つまり、イエスはローマに対する反逆の罪に問われたことになります。もちろん、これは冤罪であることを福音書は証言します。十字架刑に処せられた人には肉体的な苦しみがもたらされるだけでなく、裸にされて見せしめにされることで屈辱が与えられます。誰も味方にはなりません。そのような苦しみの中でイエスは死んでいきました。

イエスの死についてはさまざまな意味が与えられていきました。新約聖書がそのことを証言していますし、長い歴史を通じてキリスト教会も今もってイエスの死の解釈を行い続けています。その代表として、イエスは私たちの身代わりとして死に、それゆえに私たちに救いをもたらした、という理解があります。この意味づけについては四章で説明したいと思います。確かに誰かの死に意味づけすること自体が、私たちの傲慢かもしれません。イエスにおいてもそれは例外ではないでしょう。しかし、キリスト教会はイエスを神の子として告白し、イエスに従う者として、その死に意味を見出さずにはおれませんでした。

ここで注意すべきは、**イエスの十字架上での死はその生き方の結末であったことです**。死はその生から独立して考えることはできません。イエスの場合は特に、その生と死とは直接的に結びつきます。イエスの生き方は抑圧されている人々を救いへと導きましたが、それを認めることができない権力者とは確執を生みました。イエスは別の生き方、すなわち権力者に取り込まれるような生涯を送ったとするならば、十字架刑に追いやられることはなく、安寧な死を迎えることができたかもしれません。ですが、実際には福音書が証言する通りです。神の正義と平和を実現することが、その神を礼拝する人々（ユダヤの権力者、民衆、弟子たち）からの迫害という納得できない皮肉な結果となってしまいました。しかし、イエスが生きているときに示した被抑圧者の苦しみへの共感は、十字架上での最後の苦しみと重なり合うようにも思えます。繰り返して言えば、他者のために苦しむという生き方がなければ、十字架上での最後の苦しみはなかったからです。イエスの死はその生き方に目を留めるように私たちを導くのです。

イエスの復活というメッセージ

十字架での死によって、イエスの神の国運動は終わったかのように思われました。イエスはこの地上から抹殺され、その意志を継承する者は一人も残っていない、あるいはそのような力を有している者はいませんでした。しかし、イエスの殺害によって神の正義と平和が潰えたわけではなかったと聖書は証言します。**神はイエスを死者の中からよみがえらせたのです。**イエスは命へと復活したと聖書は語ります。イエスの死と同様に、その復活についていろいろな意味づけがされていますが、ここでは二つのことを見てみたいと思います。

一つは、神はイエスの生き方を受け入れたことです。人々からは見捨てられたイエスですが、**神の正義と平和の実現を目指したイエスの生き方を神は肯定したのです。**確かに、イエスは神に対して絶望的なことばを叫びました（マルコ15章34節「わが神、わが神、なぜ私を見捨てたのか？」）。人々は十字架刑に神の呪いを見出したでしょう。古代において、社会的な制裁・刑罰は神の呪いを意味したからです。しかし、神はイエスを見捨てはしませんでした。イエスの生き方と死に方を受け入れたのです。だからこそ、私たちはイエスの言動に神の価値観を見出すことができるのです。

もう一つは、**イエスの働きがその死を超えて、弟子たちに受け継がれていくことです。**イエスの死によって神が望む価値観の実現は終焉し、弟子たちはイエスと関係のない者となってしまうはずでした。しかし、復活したイエスは弟子たちに自らを顕《あらわ》して、新たに福音に生きるように励まします。そして、その福音を諸民族・諸国に伝えていくように命じます。イエスは自身の正義と平和の働きを弟子たちに委ねたのです。復活したイエスが自らの働きを直接に行うことはありませんでした。しかし弟子たちが代わって、イエスの志に生きていきます。弟子たちは福音の実現という神の期待に応えるように導かれ、教会を形成していきました。イエスの復活は、神の正義と平和を指し示しています。

イエスからの良い知らせ

旧約聖書の時代において示されていた神の価値観をイエスは大切にし、その実現へと生きました。それゆえに、イエスはキリスト（メシア）として告白されたのです。それは正義と平和をもたらす福音でした。その福音を信じるとは、私たちもそのような生き方に招かれていることを意味しています。何をどのようにすればよいのか、それは各自によって違います。しかし、**人々が互いに尊重し合って生きること、助け合って生きること、この良い知らせを目指すことは共有できるでしょう。**イエスの生、死、復活はいずれもその良い知らせを宣言し、その実現を目指すものです。

考えてみましょう

・イエスが語る「神の国」は何を目指しているでしょうか？
・イエスはどのような生き方をしたでしょうか？
・イエスが十字架で死ななければならなかった理由は何だったでしょうか？
・イエスの復活にはどのような意味があるでしょうか？

第四章　罪とその赦し――和解としての良い知らせ

教会では、私たちはすべて罪人（つみびと）であると言われます。罪人ということばは普段ではあまり使われないとは思いますが、刺激的なことばであることは間違いないでしょう。「あなたは罪人だ」と言われれば、誰だって反発したくなります。警察に逮捕されるような犯罪を行ったこともないのに、罪人呼ばわりされるのは心外です。しかし、聖書が罪の問題を扱っていることは事実です。聖書が語る罪の意味とその対応について考えてみたいと思います。

聖書が述べる罪の課題

これまで述べてきたように、神は私たちを救い出し、この世界に正義と平和をもたらそうとします。しかし、このような聖書のメッセージの背後にあるのは、人間や世界は悪と苦しみに満ちていて神に逆らっている、そのような認識です。**神の価値観を壊してしまう考え方、人間の性質、具体的な言動のことを聖書は罪と呼んでいます。**一般的に考えられている犯罪のことを言っているのではありません。この罪はさまざまなレベルで人間を蝕んでいることを聖書は証言しています。私たちは自己中心的に生きています。自分の利益を第一に求め、他者への思いやりが欠けてしまいます。個人同士が互いにぶつかり合い、相手を傷つけます。個人のモラルなど無視されます。社会レベルでは、人が人を支配し、利用し、搾取します。他者を犠牲にすることをいといません。民族や国家は互いに戦いを挑み、殺戮を繰り返します。経済成長のために自然を破壊しています。さまざまな形で罪は人間の生活、この世界の営みに現れてきます。

聖書が述べる罪の課題は、単に人間の悪について言っているのではないことに注意したいと思います。**罪は、神との関係の断絶であり、人間同士の関係の破壊です。**人間には、神に対しても、また人間同士においても、信頼関係が求められています。神が実現しようとする価値観は互いの信頼関係に基づいています。神がまず人間を信頼しました。それを救いと呼んで良いでしょう。人間は神の信頼に対して、やはり信頼をもって応答します。それを聖書は信仰ということばで表現しています。そして、神と人間との信頼関係は、人間同士の信頼関係へとつながります。なぜならば、神は人間同士がそのように互いに結びつくことを望んでいるからです。信頼関係の破壊は、互いの不信感を生み、他者への配慮を奪い、自己中心的な生き方や社会をつくり上げてしまいます。そのような現実を聖書は冷徹に容赦なく描いています。

創世記に見る罪の課題

以上のような罪について聖書自身がどのように表現しているのか、その問題を旧約聖書の創世記の記述から考えてみたいと思います。創世記の2〜3章には、神ヤハウェによって創造された人間が堕落していく物語が記されています。人間は土から造られました。土への言及は人間の存在の脆弱さを表しているようにも解釈され、死する者としての意味を示唆しているようです（3章19節）。しかし、そのような人間は神ヤハウェによって息が与えられ、命を持つ生きる存在になったとされています。そのような人間を神ヤハウェはエデンと呼ばれる園に連れて行きました。ここで分かることは、人間は楽園の外で造られたということです。エデンの楽園で人間はその土地を守るように命じられます。人間は楽園では命が保証されているようですが、働くことを求められているのです。それは、旧約聖書が人間の労働を大切に考えていたことを表しているものと考えることができます。

ここで神ヤハウェは人間に対して一つの禁令を伝えます。園には多くの木が植えられています。人間はどの木の実も食べてよいとされていますが、しかし「善悪の知識の木」から食べてはならないと命じられるのです。神がなぜこのような木を置いたのか、その説明はされていません。ただ、この物語において、この木だけが神ヤハウェと人間とを結びつける要素になっていることは注意しておきたいと思います。聖書によれば、人間は神との関係なしには生きてはいけませんし、人間の尊厳が守られることはありません。しかもその関係性は双方向です。神ヤハウェは人間に命を与えて守ろうとしています。人間はそのような神ヤハウェに対する信頼を、「善悪の知識の木」から食べないことで表現するのです。この信頼が裏切られるときに、人間が死ぬとされています。ただし、ここで隠された課題が二つあります。一つは、「善悪の知識」の意味です。もう一つは、死に関する意味です。これらの意味については、3章で明らかにされていきます。2章の続きを見ていきますと、人間には女性というパートナーが与えられ（この記述で、最初に創造された人間が男性であることが分かります）、夫婦関係に象徴される人間の社会生活全般への言及がされています。

2章における人間の創造に関する楽観的な雰囲気は、3章に入って一変します。罪の問題を扱うからです（ただし、3章では罪ということばは使われていません）。突然のようにして蛇が登場し、女性にことば（「神は園のどの木からも食べてはいけないと本当に言ったのですか？」）をかけて、両者の対話が始まります。女性は「園の木から食べることはできます。でも、園の中央に置かれた木から食べることはできません、それに触れてもいけません、死んではいけないから」と蛇に返答します。女性の答えには問題がありました。

第一に、女性は木の位置を示しているだけで、「善悪の知識」という名前を無視していることです。それは、神ヤハウェがこの木を置いた意図（神ヤハウェと人間との信頼関係の維持）に関心がないことを示しています。第二に、神ヤハウェは「触れてはならない」とは言っていません。第三に、神ヤハウェは、「死ぬといけないから」とは言っておらず、「死ぬ」と明確に言っていることです。女性の最大の関心は、自分が死なないことでした。神ヤハウェの命じた木から食べなければ、その木にどのような意味があろうと、食べなければ死なないという発想です。ここで蛇は「死ぬことはない。食べれば神のように善悪を知ることになる」と返答します。蛇のことばには「死ぬことはない」という嘘と、「食べれば、神のように善悪を知ることになる」という真実が含まれています。

この物語での「善悪」とは、この世界の価値観です。それを知るとは、世界の価値観を決める立場になることです。女性には、自分がこの世界の価値観を決める存在になることにも関心がありました。そこで女性は食べて、男性にも与えます。男性も何ら躊躇もなく食べてしまいます。善悪の知識を知って〝神のようになる〟ことへの欲望は女性だけでなく、男性にもあったのです。その結果、人間たちは神との信頼関係を失い、人間同士のあるべき信頼関係をも喪失しました。そして、楽園を追放され、自らで命を維持しなければならない現実へと引き戻されたのです。その先にあるのは死だけでした。

この物語での罪の問題は、神ヤハウェに逆らって禁令を破ったことにあるのではありません。**人間が〝神のようになる〟ことを望み、この世界と他者を神に代わって支配しようとすることに**あります。その欲望は、神の意志・価値観を破壊するのです。そして、神と人間とを断絶させ、人間同士の関係を壊してしまいました。そこに聖書は死を見ています。堕罪の物語は、人間の罪の現実を象徴的に描き出すことに成功しています。

「裁き」は神による評価

罪に対する神の応答として、聖書は裁きについて記しています。裁きというと神が自らに逆らう者を罰するというイメージがあるかもしれません。実際、そのようなことを記した聖書箇所は数多くあります。例えば、出エジプト記32章には、イスラエルの民が神ヤハウェに救われたことを忘れたかのように、金の子牛像を造ってそれを拝んだことが記されています。神ヤハウェからすれば、そのような行為は自身に対する背信行為であり、その罪に対して決着をつけなければなりませんでした。その方法は、金の子牛像を神として拝んでいた者を殺害することであり、それが実行されたと聖書は報告しています。平和を希求するはずの神ヤハウェが暴力を用いていることについては別途に議論しなければなりません（一言で言えば、旧約聖書も古代に著された書物であり、時代の制約を受けていることです。当時の一般的な社会的な価値観が反映していることがあります）。ただ、ここでは、裁きの表現の一つとして聖書は神の罰という形式を用いていることを指摘しておきたいと思います。

しかし、裁きの本質にあるのは神による罰ではありません。そこに目を留めてしまうと、裁きの意味を誤解するだけでなく、神に対する恐怖感がもたらされるだけです。むしろ、**裁きについては、私たち自身やその言動への神の評価**と理解する方が正しいでしょう。それは、私たちが考え行ってきたことに神は責任を求めるからです。人間はロボットではなく、自由意志が与えられています。神と人との前で、人間は自らの生き方を選ぶことを神は認めています。そして、その選択を尊重します。神が示す正義と平和の価値観に賛同する人々には、そのような生き方へと神は導きます。しかし、神を拒絶する人々は、その道を選ぶことによってもたらされる悪へと放置され、悪によって苦しみます。そのような悪と苦難による状況を、聖書を記した人々は裁きとして表現しました。神は人間を信頼しようとしたがゆえに、人間の選択を尊重するのです。神の恐ろしさとは、このようなところに見ることができます。私たちは神を舐めてかかってはならないのです。

そのような評価としての裁きについて、マタイの福音書25章31節以下が語ってくれています。すべての人々は、王に喩えられている神の前に連れ出され、右側と左側に置かれます。右側に呼び出された人々（羊に喩えられています）は神によって祝福を受けます。なぜならば、この人々の社会的弱者に対して行った支援の行為が神によって受け入れられたからです。このような行為は神に対して行われたものとして認められています。この人々には命が約束されています。一方、左側に呼び出された人々（山羊に喩えられています）は神によって退けられてしまいます。この人々は社会的な弱者に支援をせず、その苦難と痛みを放置したからです。この無作為は神を無視したこととされています。この人々には懲らしめが宣告されています。以上のように、裁きは人々への評価であり、人々に対してその言動の責任を取らせることであることが分かります。

裁きの記述には人々への奨励と警告の意味が含まれているようです。また、裁きの内容を見ていくと、裁きの基準が見えてきます。特定の基準によって評価（裁き）は行われます。神による裁きには神の評価基準が間接的に示されています。そして、その基準は神の価値観を語っています。先のマタイの福音書の裁きの記事においては、社会的弱者を助けることを評価基準とし、そのような行為を積極的に認めています。それが神の価値観であり、聖書読者はその価値観に生きるように招かれているのです。裁きの記述は私たちを恐れさせるためにあるのではなく、神の生き方が示されていることが重要です。

しかし、罪や悪に対する神による最終的な解決策はこのような裁きではありません。そのことを次に見ていきましょう。

敵対者を救う「赦しと和解」

神は敵である者をも救おうとします。神にとって敵である者とは、神の価値観に逆らう人々であり、悪を行う者たちです。敵対する者は滅ぼされなければならない、排除されなければならない、そのように私たちは安易に考えます。ただ、少し考えてみれば、私が神の価値観を軽視して生きている者であるとするならば、私も神の敵対者であることが分かります。しかし、神は私を救おうとします。敵である者を愛し、救うのです。それは、私の敵対者に対しても同じです。**神の正義と平和は、神に従おうとする人々だけではなく、神に敵対する人々にも実現します。**そのことを神は望んでいます。

旧約聖書のヨナ書は、敵を救う神ヤハウェの性格について証しています。古代イスラエルの預言者であるヨナは、神ヤハウェからアッシリアの都市ニネベに行くように命じられます。アッシリアはイスラエルに敵対するメソポタミアの帝国でした。ヨナに与えられた任務は、ニネベの罪に対して神が裁きを行うことを警告することでした。神ヤハウェからこの命令を聞いたヨナはそれを拒絶しますが、さまざまな出来事があった後にヨナはニネベに赴きます。すぐに暴虐や搾取を止めないと神はニネベを滅ぼしてしまうことをヨナは住民に語ります。ここで面白いことに、ニネベの人々は、支配者を始めとしてヨナのことばに耳を傾けて、回心してしまったのです。神ヤハウェはその様子を見ながら、ニネベを滅ぼすことを止めてしまいます。多くの人々が滅亡の危機から救われたのです。しかし、神ヤハウェの救いの態度にヨナは不満でした。ここに神の救いの意志と人間の願望との齟齬を見ることができます。神ヤハウェが恵みに満ちており、人々に共感し、怒るのに遅く、裁きを悔いる神である、そのことを十分に理解していたとヨナは告白します。敵対するニネベを救ってしまうことを予感していたからこそ、最初に神ヤハウェがヨナをニネベに派遣したときに、ヨナはその命令を拒絶したとされているのです。ニネベを救う神ヤハウェへヨナは抗議しています。

つまり、ヨナはニネベに滅びてほしいと考えていたことが分かります。ニネベはイスラエルに敵対し、支配を及ぼそうとしています。実際、歴史的に見れば、ニネベが属する帝国アッシリアは北イスラエルを滅ぼしてしまいます。自分たちを危機に陥れる存在を滅ぼしてしまえば安全が確保される、そのように考えることは合理的であり、多くの人々の考え方です。そのような意味で、ヨナの態度や思いは人間にとれば当たり前で、人間の代表として描かれているとも言えます。しかし、神ヤハウェは違った考え方を持っています。ニネベの多くの人々や家畜の命を惜しいと考え、救いたいと願ったのです。ニネベは帝国の都市として、国内においてまた国外に対して政治的支配権を及ぼしていました。そこには抑圧と搾取があったはずです。それは神ヤハウェの価値観から見れば悪であり、滅ぼすべき対象でした。しかし、神ヤハウェは自らに逆らい、その価値観を壊してしまう者を救おうとします。その救済の出来事は、暴虐を止めさせて、神ヤハウェの平和を実現することを目的としているのです。神ヤハウェは敵である存在にも目を向けています。神ヤハウェは自らの考え方をヨナが理解するように説得を試みます。ヨナが最後に神ヤハウェの意志に同意したのかどうか、そのことについてヨナ書は沈黙を守って物語を閉じています。この沈黙は、ヨナ書の読者である私たちが、神ヤハウェの考え方に従うのか、あるいはヨナの立場を選ぶのか、その選択を迫っていることを意味しています。

和解と赦しへのメタノイア

敵対する者へ共感や平和を示す必要はない、そのようにイエスが生きていた時代のユダヤ人たちも考えていたようです（マタイ5章43節「あなたの隣人を愛し、あなたの敵を憎め」）。人間の常識からすれば、敵である者や対立する者は憎しみの対象であり、敵を排除しても誰も文句は言いません。しかし、神の価値観は違っていました。神は敵を救うのです。神と人間とはこの点において大きく違っています。現実を考えれば、それは埋められないように思えます。しかし、人々は神のそのような意志を知り、神の価値観に基づく生き方へと人生を変える（メタノイア）のです。それが、三章で説明した「回心・変革」です。そのメタノイアから、神との、人々との、自然との赦しと和解がもたらされていきます。

敵対する者を暴力によって滅ぼすことは可能なのかもしれません。しかし、憎しみと復讐心は残ります。暴力の連鎖は止まることがありません。敵対者を排除するだけでは、新たな敵が生まれるだけです。そのような状況は次々と脅威を生み出すことになり、真の平和が到来したとは言えなくなります。むしろ、神は敵対する者との和解を画策し、その救いを実現しようと試みます。それは人々に対して平和をもたらすからです。同時に神は人間に対して、敵との和解を求める神の意志を知ること、そしてその意志に基づいて平和をつくるように招くのです。その招きに応えていこうと決意することがメタノイアと言えるでしょう。

神がこのような和解と平和を求めているのは、**神は命に関心を寄せ、命を徹底的に肯定しているからです。**それを聖書は神の絶対的な愛と表現します。神自身が愛であり（ヨハネの手紙第一4章7節、16節など）、愛は神の性格なのです。愛とは感情的に好ましく思うことではなく、**相手を大切にすることであり、相手から大切にしてもらうこと**です。そして、この神の愛には、これまで考えてきた赦し・和解がともないます。

聖書は互いに赦すようにと勧めます。それは非常に難しいことです。赦しの前提として、関係が壊れてしまっているという事実があるからです。小さなもめごとであっても、私たちは簡単に傷つきます。それは精神的なことが多いでしょうが、ときには肉体的・社会的な傷を負うこともあります。それゆえに、安易に相手を非難することにもなるでしょう。相手を憎むこともあります。それが現実です。しかし、**傷つけられる苦しみや相手を憎む苦しみか**

ら私たちを解放したいと神は望んでいます。それが赦しです。傷ついている人々を神は癒やそうとします。それには時間がかかるかもしれませんが、さまざまな形で人々を立ち直らせようと試みます。聖書のことばが慰めとなるかもしれません。味方となってくれる人との交流を通じて心に喜びが回復するかもしれません。同時に、**和解と赦しによって本当の癒やしを経験できる**と聖書は語ります。神は私たちに幸福な生き方をしてほしいと望んでいます。私たちを自身の考え方に縛りつけようとはしていません。神の考え方に従えなかった者を罰することが神の意志ではないのです。むしろ、その幸福のためには和解と赦しが不可欠である、そのように聖書を通して神は私たちに語りかけているのです。

先にも記したように、神の関心は命を創造し、命を守ることです。命が脅かされることを神は認めません。誰かの命が危険にさらされているならば、神はこの世界に介入してその危険を除こうとします。そして、命を肯定するために、さまざまに神はこの世界に積極的に働きかけをして、自身の価値観を実現するのです。赦しも和解も相手の存在や命を尊重し肯定しなければ成り立ちません。また、私の存在や命も肯定されなければなりません。**互いの命を認め合うことに赦しの根底を見出すことができます。**

赦しは「なかったことにする」ことではない

　赦しとは、関係が崩れる以前の状況を回復することではありません。それは無理なことです。良好と思われた関係性が破壊されてしまい、そのことで互いが傷ついたという事実をなかったことにすることはできないのです。また、赦しは互いの責任をうやむやにしてしまうことでもありません。相手を傷つけたことの責任を認めることが必要です。必要があれば謝罪や賠償もあります。そのような厳しい現実を踏まえた上で、**神の正義と平和に基づく、これまでとは違った新たな互いの関係性を構築することが赦しです**。それは自然にできることではないでしょう。聖書が語る赦しや和解に関する理解が求められますし、赦しを求める意志が不可欠です。

　神は人間を赦し、人間と和解しようとします。それは神自身の意志であり、命を受け入れ、尊厳ある生き方へと人間を導くためです。神は人間をまず信頼しました。人間がそれに対して信頼をもって応答し、赦しと和解がもたらされるのです。その神からの赦しは人間同士の和解につながっていきます。神は自身との和解だけでなく、人間が互いに平和を保ちながら生き、関係を築くことを期待します。その期待に応えて、正義と平和に生きて、幸せを享受することが人間にはできるのです。そして、和解は人間と自然との関係においても成り立ちます。聖書によれば、人間は神から委ねられて自然を管理する任務があります。自然を搾取するのではなく、神が創造した自然に支えられ人間は生かされ、適切に自然に働きかけをします。そこに人間と自然との和解を見ます。**赦し・和解は神の意志に根拠づけられ、そこから始まります。それは、神の正義と平和にとって不可欠なのです。**

贖罪の教えについて

キリスト教の教えに贖罪《しょくざい》があります。贖《あがな》うとは買い取ることであり、そこから何かを支払って罪を償うという意味となりました。キリスト教の贖罪の教理についてはいろいろな見方がありますが、「イエス・キリストが身代わりとなって十字架で死ぬことによって、全人類の罪を赦して救いをもたらした」との教えがよく語られます。イエスの犠牲による死によって人間は罪から赦され、キリストを信じる人々は神からの罰を免れることができるという理解です。イエスを死に差し出すことで、人間が罪から赦免されて命が約束されると考えます。このような贖罪の理解は、多くの教会では福音の中心的な教えとして認められてきました。確かにイエスの死を新約聖書は重視して、その意味についてさまざまな解釈を施しています。そこにイエスによる贖罪の意義も込められていることも間違いではありません。

例えば、ペテロの手紙第一2章23～24節では、イエスの十字架上での死と贖罪とが結びつけられています。旧約聖書のイザヤ書53章を念頭に入れながら、イエスが十字架刑によって侮辱されている状況に言及します。そのような限界状況にあっても、イエスは自らが救い出されることを望まずに、神の意志に従うことを選びました。それは、イエスが死ぬことは神の意向であることを意味しています。そしてイエスの死に対する解釈が述べられていきます。イエスは「私たちの罪を負った」と語られます。「私たち」は直接的にはこの手紙を読んだ読者を指しますが、キリスト教会は人間全体を指すものと考えてきました。人間は個人レベルでも社会レベルでも神に逆らい、罪を犯し続けています。罪人である人間は自らの罪を赦す資格などありません。しかし、罪のないキリストだけが人間の罪を身に負って赦すことができるとします。初代教会はイエスの死に対してそのような意味づけをし、特にカトリック教会とその伝統を継承してきたプロテスタント教会は、この贖罪の教えが救いにとって最も大切であると位置づけてきたのです。

しかし、**神の正義と平和に逆らう人間の罪を赦すのは神の意志そのものに基づいている、**そのことを強調しておきたいと思います。神は人間と新しい関係を創設して、それを維持したいのです。神のこのような意志がなければ、死による贖罪に意味はありません。人間が尊厳をもって生きていくことができるようになることを神は望み、そのために人間を赦して受け入れようとするのです。この神の意志から贖罪について考えなければなりません。これまで述べてきたように、贖罪の教えそのものと新約聖書との関係を否定することはできないでしょう。しかし、神の正義と平和という福音の実現のために赦し・和解が不可欠なのです。福音は関係性の結び直しを含みます。人間が神の価値観を尊重して従うためには、破壊された神と人間との関係の回復が求められます。その神の価値観に基づいて互いに助け合って生きていくためには、人間同士の関係が平和を保つように求められます。

福音の中心・中核に贖罪があるというよりは、神の正義と平和に逆らう人間の意志に注目したいと思います。**福音は神の価値観と赦しの意志から始まります。**イエスの死には神による赦しが宣言されているのです。贖罪も神の意志のもとにあることを確認しておきたいと考えます。贖罪の教えは重要であっても、それは救いを表現する一つであり、その救いの根底には正義と平和をもたらす神の価値観と意志があります。そこに目を留めてみたいのです。

赦しがもたらす新しい関係の構築

人は誰も一人で生きているのではありません。互いに助け合って生きていきます。この

「互い」という関係に赦しが求められます。誰だって家族・友人・社会と平和に安寧に暮らしたいと考えます。でも人間は完全ではありません。人間同士が関わりを持つときに、必ず問題が起きるのです。この人間関係の問題を解決するために、そして平和な関係を築くために、互いの赦しが求められます。神はそのことをよく知っていて、神自身が人間と赦しの関係を構築しようとします。その招きを多くの人々は拒絶します。それでも神はあきらめずに人々との和解を探り求めるのです。

この神の姿勢の理由について聖書は明確に述べてはいません。ただ、神の性格、価値観としか言いようがないのです。**神は人間に正義と平和によって安心して暮らしてほしいと願います。**そのために、神と人間とが新しい関係を持ち、人間同士が赦し合って、互いに新しい関わりを構築するように神は期待します。赦しや和解のない人々の個人の生活、社会生活は悲惨です。神はそのような不幸に人間を陥れたくはないのです。神に信頼して、他の人々を信頼することによって赦しが成立します。

考えてみましょう

・罪とは何でしょうか？　神は罪をどのように扱われるでしょうか？
・罪の解決は何でしょうか？
・神との和解によって私たちはどうなりますか？
・なぜ人間同士の赦しは必要ですか？

第五章　神を中心とする集まり――教会の意味

教会と聞くと多くの人たちは、三角屋根の上に十字架のついた建物をイメージするかもしれません。教会が場所や建物のことだと思われているのが一般的でしょう。実際に、私たちは礼拝に集うために、教会という建物に行きます。「教会」ということば自体も場所を表現しているような印象を与えます。しかし新約聖書を読んでいきますと、教会には違った意味があります。新約聖書の原語であるギリシア語の「ヘー・エクレシア」ということばが教会と翻訳されています。このギリシア語のことばのもともとの意味は「呼び出された人々」で、特別な宗教用語ではなかったようです。例えば、政治討論のための集会などが「ヘー・エクレシア」と呼ばれていたようです。そのような状況の中で、初期のクリスチャンたちは自分たちの集まり（共同体）をこのように呼びました。**教会とは、イエスをキリスト（メシア）として告白した人々またその集まり、**とすることができるでしょう。

ここで強調しておきたいことが二つあります。一つは、イエスが中心とされていることです。教会に人々が集まっている根本的な理由がそこにあります。これまで述べてきた、**イエスが語った正義と平和の福音に賛同し、その実現を求めるために人々は共同体を形成するのです**。もう一つは、**教会にとって大切なのは人であることです**。例えば、教会には教えがあります。正しい教えがなければ、その共同体は間違った方向に行ってしまいます。そのような意味で教えは非常に重要です。しかし、教会にとって教えは神の意志をことばに表現したものにすぎないことも事実です。人々が現実に福音に基づいて神によって生かされることがより重要です。ですから、教会にとって人は代えがたいのです。このような教会にはさまざまな特徴がありますので、そのことを見ていきます。

互いに関わる共同体としての教会

教会は人々の「集まり」と言いました。この社会にはさまざまな人々の集まりがあります。例えば、映画館を考えてみましょう。不特定の人たちが同じ映画を楽しんでいますが、迷惑をかけない限り、そこに集まる人同士の関係は何もありません。しかし、そのような集まりとは違って、**教会に集まる人々は互いに関わりを持ちます**。神は人間と関係を結ぶことを望んでいると同時に、人間同士が平和の関係を結ぶことを望んでいることはすでに述べてきました。そのような神の望みが実現することは、神を信じる人々が集まる教会にふさわしいと言えるでしょう。互いに人々が関わりを積極的に持つような集まりを、共同体と呼びます。同じ人の集まりではあっても、映画館の集まりは共同体とは呼べません。教会は共同体であり、そのような集まりを目指しています。

神からの良いこと（恵みと呼ばれています）は私たち個々人に及びます。それは私たちが個人的に経験することがありますが、教会の人々を通して経験することが多くあります。励ましのことば、困ったときの具体的な援助など、教会の人々は互いに助け合って、神の恵みを経験するのです。**神の価値観の実現に共同体は不可欠です**。ですから、クリスチャンは集まるのです。個人の信仰が養われて満足することでは終わりません。周りの人々が神の価値観によって生きることができるように集まります。集まることの意義を見出すことが難しいと感じることがあるでしょう。そのときは、他の人々のことを考えてみてください。人間は互いを必要としているのです。

ここで共同体と個人との関係について考えてみます。もちろん、現実には古代においても人々はそれぞれに個人として生きていました。誰も他者の人生を生きていくことはできません。しかし、個人という概念はなく、人々は民族・氏族・宗教共同体などの集団に属することで自らのアイデンティティを保っていました。個人についての考え方（個人主義）は近代になって登場したのです。個人主義は私たちの生き方に多大な影響を与え、個人主義の見方なしでは私たちの生活は成り立ちません。一方、聖書は古代に著されましたから、個人主義について何も知らないのです。ですから、個人主義に関して、近代の人々は聖書との〝溝〟を埋めなければなりません。しかし、聖書は個人レベルでの人々の救いについては記していることも確かです。イエスの物語を読めば、人々はイエスと個人的に交流し、救いを経験しています。このあたりに、近代の読者が聖書の個人について考えるヒントがあるように思います。

確かに、個人主義を優先させたい近代の人々にとって、共同体の考え方を重要にするという発想そのものが乏しいと言えます。共同体を強調することで、個人が犠牲にされる危険を近代の人々は感じます。実際に、そのようなことが近代の歴史の中で起きてきましたし、日常の社会の中でも起きています。ですが、聖書が共同体の意義の大切さについて繰り返し語るのは、古代の考え方が単に反映しているだけではありません。どのような時代・地域においても人々は互いにつながり、社会を築いているからです。聖書の読者に課せられているのは、個人と共同体のいずれかを選択することではなく、**個人が尊重される共同体づくりを目指すことであり、他者に対して配慮できるように個人が生きることでしょう**。個人主義に生きる人々が集う教会には、聖書の時代とは違って、このような個人と共同体との関係を意識していく必要があります。

新約聖書が語る共同体の意味

共同体の意義について新約聖書から見ていきたいと思います。神の正義を考えたときに言及しました、使徒の働き／使徒言行録2章43〜47節をもう一度取り上げてみましょう。ルカの福音書と使徒の働きによれば、復活したイエスは四十日にわたって弟子たちと交流し、天に挙げられていきます。この間に、イエスは弟子たちに命令と約束のことばを残していきます。弟子たちは、イエスが殺されたエルサレムに留まるように命じられ（弟子たちが故郷であるガリラヤへ帰還する様子について言及している他の福音書の記述とは対照的です）、神が約束したものを待つように指示されます。それは、弟子たちが聖霊によって洗礼（バプテスマ）を受けるという約束につながっています（使徒1章4〜5節）。弟子たちはイエスの命令に従ってエルサレムに滞在しますが、その数は百二十人程度であったと使徒の働きは報告していました。五旬節と呼ばれるユダヤ教の祭りの日に、この弟子たちは同じ場所に集まっていました。すると激しい突風とともに、炎のような舌が弟子たち一人ひとりの上にとどまりました。そして、弟子たちはそれぞれが他国のことばで話し出しました。この不思議な出来事はイエスの約束の実現とされ、聖霊が弟子たちに降《くだ》ったしるしとして描かれています。

ルカの福音書・使徒の働きの主張に従えば、聖霊が与えられたというのは、エルサレムに集まった弟子たちにイエスの働きを継承する正統性が認められたことを意味しています。歴史的に見れば、イエスの弟子たちはエルサレムに集まった人々に限らず、特にイエスの宣教地であったガリラヤには弟子の集まりは存在していたと思われます。しかし、使徒の働きはそのような弟子たちをあえて描かず、エルサレムの弟子たちだけに集中して教会について記述します。それは、エルサレム教会こそが神によって選ばれた弟子たちであり、イエスの福音を担う正統的な権威を持つ教会として考えられていたからです。

そのようなエルサレム教会の状況について、使徒2章の中盤から最後までと4章の後半とに記されています。教会はユダヤ人に対して説教をして、イエス・キリストの名によって救われるべきことを伝えました。多くの人々がエルサレム教会に加わり、指導者たちの教えを守って、互いに交流をしていました。また、不思議な業としるしを行ったとあります。このような記述は、エルサレム教会の宗教的な生活を表しています。

一方、エルサレム教会の人々はすべての持ち物を共有していたと述べられています。多くの資産を持つ者がそれを売却して教会に持ち寄ったとされています（2章45節、4章34〜35節）。そして、その共有された財産は、出資額に応じてではなく、教会の人々の必要に応じて分配されました。その結果として、教会には貧しい者がいなくなったと述べられています（4章34節）。このような分配に関する記述がどこまで歴史的に事実であったのか、その点についてはいろいろな議論ができるでしょう。教会の理想が語られたにすぎないという見方もあるように思います。実際、使徒5章の冒頭ではエルサレム教会はこの理想に失敗したことが報告されています。しかし、ここで指摘しておきたいのは、神が求める正義に基づいて共同体を築こうとしたことです。エルサレム教会は自らが信じる者の共同体であることを強く意識していますが、それは日常の生活レベルにまで及んでいます。**エルサレム教会は宗教的な意味でメンバーが互いに結びついていただけではなく、生活の相互援助においても結びつこうとしていました。**

エルサレム教会の方策を現代の教会に直接に適用しても無理があることは明確です。しかし、教会共同体の意味として、同じ神を共に礼拝する集まりであるだけでなく、集う人々がさまざまな生活レベルで互いに支え合うことも含まれていることは指摘できるでしょう。一般社会のレベルでは、このような相互扶助の精神は福祉や社会保障制度として結実しています。とりまく状況や自らの能力を考慮しながら、現代の教会も生活における相互扶助を具体化することが求められています。

教会の中の関係性について

どのような共同体にも人々が集まっています。そこに共通した目的や興味があります。テニス・クラブであれば、テニスを楽しむことを目的として愛好家たちが集まってきます。同じ関心事を共通している人々ですから、似たような趣味嗜好をそこに認めることができるでしょう。しかし、人々は一様ではありません。それぞれには独立した個性があります。性格が違い、考え方も関心も互いに違っています。教会も同じです。キリストを信頼して生きている人々が集まって教会は成り立っています。同じ神を礼拝しています。その神の価値観に従おうとしています。しかし、そのようなクリスチャンと呼ばれる人々は互いに違います。むしろ、同じような考え方や見方をする人だけが集まっても、それは教会とは言えません。互いに違った個性や関心を持つ人々が集まってこそ教会です。

そのような状況にあって、**教会は違いの多様性を互いに排除し合うのではなく、共同体として一致していくことを新約聖書は求めています。**エペソ人への手紙／エフェソの信徒への手紙4章は、教会に集う人たちが各々に違うことを積極的に認めています（1節）。同時に、それだからこそ、バラバラになるのではなく、一致を保つことを求めるように勧めています（2〜3節）。個性の違いと共同体全体の一致とは矛盾するように思われがちですが、両立させることを聖書は理想としています。**互いの個性・関心・役割の違いは、謙遜・柔和・寛容・愛・忍耐・平和によって互いに結びつけられて、一致へとつながるとしています。**違った者同士が自らの役割を果たす中で互いに仕え合うことができ、互いに成長できると述べられています（11〜16節）。

違いにおける一致のイメージは、コリント人への手紙第一／コリントの信徒への手紙一12〜14章において賜物という観点から具体的に論じられています。賜物とは能力であり、社会的な役割や関心事を指しています。教会に集う人々には互いに違った賜物があるとされています。それは神の恵みとして等しく受け取るべきであり、賜物の違いによって教会の人たちに優劣をつけるべきではないと主張されています。そのことが身体の譬《たと》えとして語られます。身体にはさまざまな器官があります。目であったり、足であったりします。それぞれが与えられた機能を果たすことができてこそ、身体全体が生きていくことができます。器官には互いの価値の違いはないのです。それぞれで価値があることが認められます。

一方、この違いが良い関係を築き上げるためには互いの配慮が必要であると述べられています。各々に価値が見出されたとしても、その価値が自己主張するだけではぶつかり合うだけです。それでは教会に集う人々の関係は破壊されてしまいます。むしろ、違った相手を大切にし、配慮することが求められます。相手を生かすような言動が期待されています。このような相手との関係性を新約聖書は愛ということばで表現しています。13章全体を使ってコリント人への手紙第一はこの愛について説明をし、その重要性を語り、互いに愛し合うことを勧めています。例えば4節に、愛は忍耐があり、情け深く、妬まない、自慢しない、高慢にならないとあります。私たちは大切にしたい人たちに対して、少々のことでは忍耐を持つことができると思います。また特別な配慮をすることができるでしょう。その人たちとの関係を保つために、妬んだり、自慢したり、高慢になったりすることはないはずです。**愛とは相手を大切にし、相手に対して責任を持てるような言動をすることです。**教会のさまざまな賜物が廃れることはあっても、愛は滅びないとされています（8節）。教会内の関係性は愛によって維持されるべきであると主張されているのです。いつまでも残るのは信仰と希望と愛ですが、その中で最も偉大なのは愛であるとも述べられています（13節）。互いに思いやる愛という関係性は教会という共同体の中では、非常に重要であることが意識されているのです。

教会はもめごとがない空間ではない

共同体について否定的な側面から考えてみたいと思います。人間同士のつながりには負の側面があることを前章で指摘しました。互いを尊重し合う関係という理想があるにせよ、人間が互いに関わり合いを持つときに、必ずもめごとが起きるのです。そして良好な互いの関係を壊してしまいます。ある場合は、悪意があるかもしれません。ある場合は悪意がなくとも、誤解に基づいているかもしれません。さまざまな形で人間の良好な関係性は容易に崩れてしまうのが現実です。それは、神の平和を大切にしているはずの教会も例外ではありません。共同体として生きていくためには、このような教会の内の争いごとを避けては通れないのです。

もめごとを起こさない最も効果的な方法は、互いの関係を一切断つことです。そこでは何ら軋轢は起きません。接触のないところには、葛藤は起きないはずです。しかし、このような互いの関わりを失うような状態は、もはや教会でも共同体でもなくなってしまいます。もめごとがないことが、教会が教会であることの証ではないのです。もめごとがないに越したことはありませんが、そのような現実は存在しません。教会内の軋轢を真面目に見つめ、それを正直に認めることから始まります。**教会は、そのような状況に対して神の意志に沿った赦しと和解をもたらすのです。**軋轢や紛争に関わった人々は自らの責任を認めつつ、それぞれが癒やされ、互いに新しい関係を結び直します。そこに教会がこの世界のさまざまな集まりとは違う意味があります。もちろん、つねに赦しと和解が成功するとは限りません。そんなに簡単なことではないことは誰もが知っています。しかし、教会は赦しをあきらめるわけにはいかないのです。和解と赦しは神の意志であり、教会はそこに価値を見出しているからです。

教会には神が期待する使命がある

クリスチャンはただ単に集まって共同体を形成しているのではありません。**教会には神から使命が与えられています。**使命と言うと厳しい表現ですが、神は教会に期待をしているのです。すでに考えてきたように、神はご自身の価値観である正義と平和とをこの世界に実現するように試みています。神のこのような働きかけを教会に託しているのです。もちろん、神が何もしていないということではありません。神が働き続けていると聖書は語ります。神は単独で働くのではなく、人間を呼び出し、人間の生活や働きを通して自身の正義と平和の実現を目指すのです。それが神の方法です。理由もなく神は人々を集めたのではありません。人々が祝福されるためであり、その祝福が人々に広がり浸透するためなのです。

そのような意味で、**教会は他者のために存在していると言えます。**神の正義は社会で最も弱っている人々を優先的に救うことであり、そのような世の中をつくることです。神の平和はその正義が実現し、人々が互いに助け合って生きていくことです。そこでは他の人々に対する視点が不可欠であり、人々に対する働きかけが期待されていくことになります。他の人々は私たちとは違った価値観を持ち、異なった生き方をしているでしょう。まったく共通点がない人はいないでしょうが、互いに理解することが難しいと感じる経験があるでしょう。しかし、クリスチャンが神の価値観に従って生きていくのと同様に、神は違った価値観を持つ他の人々が神の正義と平和に生きることを望んでいます。神のそのような願いを果たすために、そして他者が真に幸福に生きるために、教会はこの世界に派遣されていくのです。**神に仕えその正義と平和を実現すること、他者が神の価値観に生きていけること、その**

ために教会はこの地上に存在しています。

場合によっては、他者は神も教会も理解しないかもしれませんし、ときには積極的に否定することもあるでしょう。教会がこの世界との軋轢に苦しむことが現実にはあります。歴史を見れば、教会が迫害されることがありましたし、逆に他者を身勝手に迫害する罪を犯してしまうこともありました。そうではあっても、教会は苦しむ他者のために働きかけるように神から呼びかけられています。つねに困難はともなうとしても、教会の大切な使命はそこにあるのです。教会は、神のために、他者のために、この世界に派遣されて行きます。

教会がこの世界に遣わされて行く意義について、マタイの福音書28章19～20節が語っています。この聖書箇所には、復活したイエスが直弟子たちに命令したことが記されています。まず、すべての民をイエスの弟子とするようにイエスは求めます。新約聖書の原語であるギリシア語を見ていきますと、「弟子としなさい」がここでのイエスのことばにおいて唯一の命令形になっています。その弟子をつくる方法として、弟子となった人々に洗礼を授けることと、イエスが直弟子に命じたことを新しい弟子たちにも守らせること、この二つの事柄が挙げられています。弟子となるということは、イエスが示した価値観に生きる者となることです。イエスに従う者となるためには、まずイエスのことばを聞き、そこに生きる価値を認め、服従していく決意が必要です。イエスに関する物語が伝わらなければ、それを聞く機会もなく、誰も弟子になることはありません。洗礼を授けるとは、イエスのことばに従う人々を探し求めて、そのような決意をした人々がイエスの弟子になったことを宣言することです。次に、イエスの教えを新しい弟子に守らせるとは、イエスが示した福音を実現するように弟子たちに求めることです。イエスが教えた福音は神の正義と平和でした。虐げられている人々が救われ、その尊厳が回復し、人々が互いに助け合って生きていくことです。イエスは弟子たちにこの命令を実現することを求めているのです。マタイの福音書の立場からすると、「弟子としなさい」とは教会を形成することです。それは教会が神の恵みを自分たちだけで経験して満足することではありません。**ともにイエスの価値観に従う仲間を求め、それに応答した人々が福音を実現していく**ことです。教会は派遣され、イエスの教えに従って、他者に仕えていくのです。

教会での儀式の意味

教会には大切にされている儀式があり、サクラメントと呼ばれています。ローマ・カトリック教会ではサクラメントは「秘跡」と呼ばれ、七つあります。ギリシア正教などの東方教会はサクラメントを「機密」と呼んで、やはり七つあります。**プロテスタント教会のサクラメントは「洗礼」と「聖餐」の二つあり、「礼典」と呼ばれています。**この「礼典」について考えてみたいと思いますが、各教会・各教派によって考え方が違いますので、出席されている教会の牧師などから詳しいことは学んでください。ここでは洗礼と聖餐について基本的なことについて見ていくことにしましょう。

洗礼は、イエスをキリスト（メシア）と告白して、イエスに信頼し従って生きていくことを決意した人々に授けられます。洗礼の儀式には水が用いられます。洗礼を受ける人に水滴を落とす形式、水を頭からかける方式、水の中に全身を浸ける方式などがあります。生まれて間もない幼児に洗礼を授ける教会もありますし、自ら信仰告白できるようになった成人に洗礼を授ける教会もあります。洗礼には、その人のキリスト信仰を公にする意味があります。信仰は個人的なことであると一般的には思われています。それはそれで正しいのですが、この世界でクリスチャンとして生きていくことを知らせることを教会は大切にしてきました。そのような意味で、キリスト信仰は公の事柄なのです。

また、洗礼を受けることで、見えるこの地上での教会に所属することになります。私たちが現にクリスチャンとして生きていくためには、他のクリスチャンとの交流や助け合いが必要です。それは神が望んでいることです。教会に属することで信仰の仲間となり、ともに神の正義と平和を実践していくのです。

聖餐では、司式者によって祝福されたパンとぶどう酒（現在では、アルコールを避けるためにぶどうジュースが用いられることが多いようです）が参加者に配られます。そして参加者はそのパンを食べ、ぶどう酒を飲みます。その形式は各教派によってまちまちですが、基本的には以上のような形になっています。聖餐は、キリストを通して神が私たちを救いに導いたことを思い起こさせてくれます。パンはキリストの肉体を示し、ぶどう酒はキリストの血を指しているからです（コリント第一11章24～25節）。聖餐を通して神は恵みを与え続けてくださっていると理解する立場もありますし、神の救いの業を象徴的に記念するという理解もあります。いずれにせよ、**過去に実現したイエスによる救いの完成を現在につなぐ意味が聖餐には込められています。**

また、イエスはその生前にさまざまな人々と交流をしました。そこには敵対する者たちもいました。聖餐は参加者が共に食事をすることであり、イエスの主催による食卓での交流の意味があります。**聖餐を通して、同じキリスト信仰にある者、また、キリストを求める者が交流するのです。**ほとんどの教会では、聖餐への参加はすでに洗礼を受けているクリスチャンに限られています。イエスによる救いを経験していなければ、その感謝である聖餐に意味はないと考えられているのでしょう。一方、少数ですが、洗礼を受けていない方々にも聖餐への参加を認めている教会もあります。イエスの招きを強調しているのでしょう。出席されている教会の理解や立場を尊重してください。

礼典を守ることによって人間が救われると、そのようには教会では考えられていません。神に信頼し、その価値観に生きることが救いです。しかし、教会はサクラメントを大切な儀式として扱っています。私たちが神と信頼関係を持ち続けていることを確認し、その重要性を思い出させてくれるからです。そして、イエスをキリスト（メシア）として告白して教会に集う人々が、互いの結びつきをサクラメントに身を置くことによって確認します。**サクラメントを尊重することで、神との信頼関係と人間同士の信頼関係、それらの大切さを教会は証言します。**信頼関係が教会の基礎になるからです。教会はその内外に信頼関係を築き上げ、神から与えられた使命を果たしていくのです。

教会の意味

教会は、イエスをキリスト（メシア）として告白し、その価値観に従う人々の集まりです。そのような意味で、教会は神を最も重要視しますが、同時に人も大切にします。それこそが神の願いであり、そのことに教会はこだわり続けます。人が軽視されてしまっては、教会は成り立ちませんし、その存在意義も失われます。個人で信仰を持てばよいという考え方はありますが、それでは十分ではないと聖書は語ります。**神の価値観の実現のためには、共に集まって他者を大切にし、互いに助け合う必要があります。**教会内の交流は、クリスチャンの間でそのような福音の実現を経験する場としての意味があります。そこには、癒やしがあり、赦しがあり、助け合いがあり、互いの尊重があります。少なくとも、そのような場であることを目指していきます。

しかし、教会の存在の意味は、教会の内部にとどまりはしません。教会はその外へと福音を広げ、浸透させていきます。この世界に虐げられている人がいるとするならば、神は救いの業を行うからです。教会は神に従い、その業の実現に努めるのです。

考えてみましょう

・教会とは何でしょうか?

第五章　神を中心とする集まり～教会の意味

・教会に集まる大切さ何でしょうか？
・教会がこの世界に派遣される意味は何でしょうか？
・なぜ教会の儀式（サクラメント）は大切なのでしょうか？

あとがき

神からの良い知らせである福音について学んできました。神に信頼して、その価値観に従う生き方を福音は示してくれています。そして、私たちをそのような生き方へと招いています。

聖書は膨大な量があります。また、私たち自身や社会には多くの問題があります。この本の中ではごく簡単に福音についてまとめてみただけで、神や聖書に対する疑問、現実の課題への具体的な取り組みなどについて取り上げることなどはできませんでした。それは、読者のみなさんが日常の生活や教会生活を送られる中で、答えを探っていかなければなりません。いろいろと越えなければならない事柄がありつつも、神の福音は私たちの人生を変えてくれます。福音による新しい生き方を求め続けてください。

二〇二三年　十月

南野浩則

フランシスコの平和の祈り

神よ、
わたしをあなたの平和の道具としてお使いください。
憎しみのあるところに愛を、
いさかいのあるところにゆるしを、
分裂のあるところに一致を、
疑惑のあるところに信仰を、
誤っているところに真理を、
絶望のあるところに希望を、
闇に光を、
悲しみのあるところに喜びをもたらすものとしてください。

慰められるよりは慰めることを、
理解されるよりは理解することを、
愛されるよりは愛することを、わたしが求めますように。
わたしたちは、与えるから受け、ゆるすからゆるされ、
自分を捨てて死に、
永遠のいのちをいただくのですから。

（女子パウロ会ブログより）

南野浩則（みなみの・ひろのり）

1963年大阪で生まれ、育ちました。6歳のとき、カトリック教会で初めて福音を聞きました。その後プロテスタントの日本メノナイトブレザレン教団石橋キリスト教会に通うようになり、17歳のときに同教会で洗礼を受けました。現在、同教会副牧師、同教団の福音聖書神学校教務を務めています。神学校ではおもに旧約聖書を教えています。メノナイト派は福音を「平和」の視点から理解してきました。聖書に記された平和を語り、その実現を追求している教派です。その立場から、著者は『旧約聖書の平和論 神は暴力・戦争を肯定するのか』（いのちのことば社）を執筆しています。関心のある方、学びを続けたい方は、こちらもお読みください。

良き知らせをあなたに
聖書が語る「福音」とは何か

2024年1月20日　発行

著　者　南野浩則
印刷製本　日本ハイコム株式会社
発　行　いのちのことば社
〒164-0001 東京都中野区中野2-1-5
電話 03-5341-6923（編集）
03-5341-6920（営業）
FAX03-5341-6921
e-mail:support@wlpm.or.jp
http://www.wlpm.or.jp/

ISBN978-4-264-04471-0